Conflict Resolution Playbook

化解衝突溝通法

傑若米・帕洛克 Jeremy Pollack 著　　劉凡恩 譯

目錄

獻給曾受關係衝突折磨之人，
願書中工具能讓這類痛楚自此消失。

【前言】

擺脫情緒用事，看穿衝突中的誤解

潔西很不開心。

新冠疫情爆發時，她才來幾個月，而我公司的新業務因疫情影響重挫了九成。爲保住生計，也讓協力廠商續命，我調整了團隊成員的角色與工時，發派新的任務，各人原有的工作則先行取消。潔西顯然很生氣，並且頓失工作動力。我不明白原因。身爲化解衝突的專家，時時在教領導人和經理人如何改善員工滿意度，因此這個挫敗讓我特別覺得不堪。

感到自己即將失去一名重要員工，於是我致電給潔西。她打開話匣子，說這突然的改變讓她多麼受挫，並說我事前沒跟大家做好充分溝通。我本能地升起自衛，而非同理。她難道看不出我已竭盡所能在挽救公司嗎？當下我費盡全力克制自己不掛掉電話。

我留在電話這頭，沒有情緒用事。我聽她想講的，也聽她如何看待我的行動。我負起自己溝通不夠明確的責任，再三強調我很看重她的表現。塵埃終於落定，我再度謙卑地體認到衝突與和平心理學一項根本而充滿挑戰性的眞理：對於同一件事，兩個人的認知可能完全不同。

儘管我在這個領域頗有鑽研，我自己仍不時碰到衝突。而那又有什麼奇怪的呢？衝突本來就是社交生活的一環。實際上，它還是創新、重要關係、個人成長的關鍵動力。當然，那全要看我們如何應付。衝突是會造成破壞，但此外，它也讓我們獲得寶貴契機，能以活潑嶄新的手法對付老問題——在職場及私人領域皆然。無論爭辯對象是伴侶、朋友、同儕或是難搞的上司、下屬，一切衝突都可能循著創新或破壞的路子走（有時則是兩者並行）。

當人們陷入衝突時，往往會認爲錯在對方，彷彿單邊即可承擔所有責任。他們心煩意亂，抓住每個線索來證明自己對而對方錯，在腦海裡再三重演當時情景，氣憤難消，滿腔「正氣」，宛如是這場正義之爭的榮耀徽章。

實際上，單只有一方大概不會演變成衝突。陷入衝突在所難免，要能順利化解並擺脫情緒卻很難，這需要努力、知識和演練過的技巧。這些技巧要派上用場不容易，卻絕對值得費心努力。那些是我學過最重要的技巧之一並持續精進，以建立專業與個人關係，減少怨恨，創造齊心協力的環境。當你懂得如何運用這些技巧，就有如掌握了魔術師的奧妙，而那讓我們得以看穿誤解，把對話拉回到當下，找出彼此共同的立場。

過去十年，我全心協助各行各業的群體與個人，能與自己和別人相處得更加和諧。此書的使命大致亦然，雖說它只把焦點放在人與人之間的衝突化解，無論是專業或個人的關係上。本書第一部分將涵蓋衝突的基本心理學，以及化解衝突所需的基礎溝通技巧。第二部分會深入探討預防衝突的策略，第三部分會談到衝突既起的解決策略。最後，在第四部分你將看見應付常見衝突的策略，包括涉及情感操縱狂和霸凌者的狀況。

一開始這些策略也許應用不順，但隨著時間的積累與持續練習，將會帶來更加健全而充實的關係。

【第一部】

化解衝突的基礎

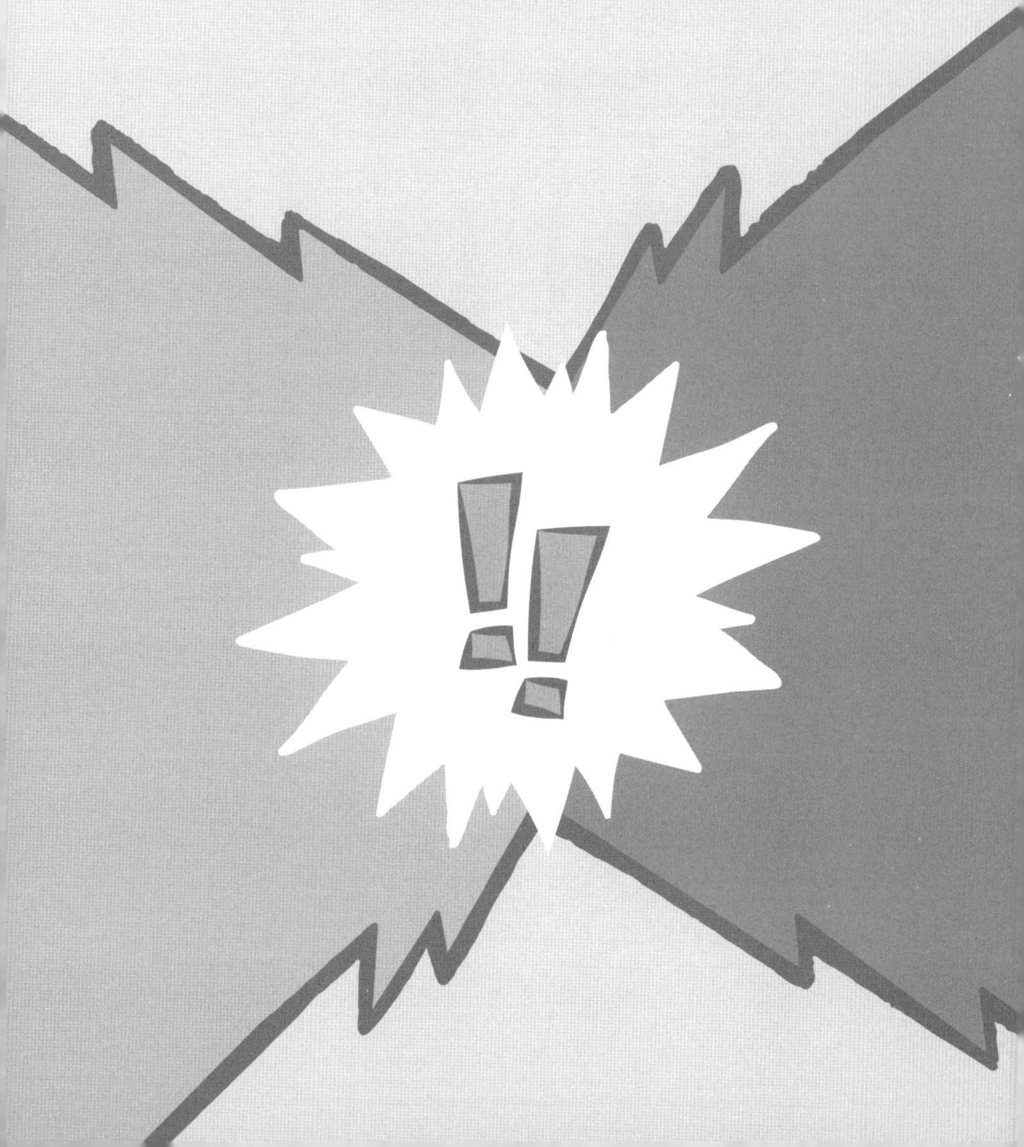

想建立生活中的長久平靜，首先得打下堅實的基礎。

在這開宗明義的第一部，你將深切認識到一些基本的人性需求，若未能滿足這些需求便會產生衝突。

你也將看到一套基本的溝通技巧，那是化解衝突的重要關鍵。將它們搭配得宜，那麼接下來這兩章將讓你更能靈活運用第二、第三及第四部中的各項策略。

1

衝突的基本心理學

衝突很棘手。它的出現或許在意料之中抑或讓人莫名其妙，

發生於敵人抑或情人之間，持續一陣子抑或數十年。

化解衝突的領域浩瀚無邊，有各種方法試圖解決各種議題。

想著手鑽研解決衝突之道，必得先好好認識衝突本身，包括

它從何而來、為何如此傷人，以及它為何能深具價值。

衝突的基礎

平和的關係與動盪的關係，兩者的差別在哪？要回答這個問題，我們且來探究根本。

動物的心智會繪製出其所處的環境，以打造出預測周遭環境的模型，以及一套妥善因應的行爲。這提高了動物生存和繁殖的機會。環境愈是複雜，預測模型必須更精密，回應行爲也必得更多元。

人類占據了最具變化且最爲複雜的環境（就我們所知是如此），可想而知，要建立一個足以容納能預測周遭的模型和推出因應方式的心智地圖，需要相當的計算水準。我們要能信賴周遭不會傷害我們，同時還能滿足我們生理及心理上的需求。

所以，平和的關係能滿足我們內在對信任的渴望。這樣想吧：當你十分信任某人，你自然會喜歡並欣賞他們，想要與之相處。而當你不相信某人，便可能會覺得自己受到威脅而想要與之保持距離，甚至得做出自保之舉。

簡單講，信任帶來平靜，不信任則帶來躲避及（或）衝突。由此推論，信任意味著我們的核心需求受到維護，不信任則意味著我們的核心需求受到威脅。

因此，如同化解衝突領域中的許多學者一樣，我是如此看待衝突的：衝突可定義為某人的核心需求、價值或目標受到阻礙這樣一種現狀或認知。

人際衝突則是指認為別人阻礙或威脅到自己的需求或目標。

六種核心心理需求

如果我們同意人際衝突來自我們想滿足核心需求所面臨的眞實或認知上的威脅，就必須回答這個問題：我們的核心需求是什麼？

很顯然，我們有飲食和氧氣這類的生理需求。而不那麼明顯的是，我們的核心心理需求爲何？過去一個世紀以來，各領域的學者提出了相關的理論。最首要的論點是，需求若未得到滿足，我們便會受到多方面的負面影響，像是高度焦慮、緊張、不安全感、人際衝突，甚至造成生理疾病。而當需求得到滿足，我們會感到平靜，不論是與自己或與他人相處皆然。

綜合了許多相關理論，我認爲人類都有六種根本的心理需求：自我認同、安全、關懷、獨立、成長，以及刺激。依每個人的成長背景和個性而異，某些需求可能會比較明顯、敏感或是被看重，但我仍要說，每個人都需要得到這六種需求的滿足與保障（至於我是如何獲致這個結論，請見我的網站 PollackPeacebuilding.com/needs.）。

你會發現，這些需求會相互依存地交互作用。換言之，當需求獲得滿足或是被打壓時，它們會彼此加強或削弱。

當你讀到第二、第三及第四部的案例，請試著辨識其中角色的哪些需求受到了影響。經過一段時間的練習之後，你應該也會發現自己的哪些需求在關係中受到了打壓。

自我認同

若說人類爲周遭建立了預測模型，那麼他們必然也順勢打造了某種自我意識。根據環境和個別背景，我們該如何進退？我們對這世界的意義何在？換言之，我們的目的爲何？

面對這些問題，我們產生了一種身分認同，讓我們能理解自身、存在的意義、以及應如何作爲。當個人的自我認同不明確，可能會覺得迷茫、困惑、不安全，以及（或者）絕望。

舉例而言，這種人常會不顧一切地投身於某種使命，只因這麼做可將自我認同與某種信念綁在一起。相對地，那些正面看待自己和自己在這世上的角色者，往往比前者更能坦然質疑自己的假設。

自信的人有足夠的信心去處理新的資訊與外在變化，包括應如何適應其中。

安全

人身安全當然是生存的關鍵，至於心理安全又如何呢？這種安全包含兩種元素：一、對將來人身安全的期待，二、覺得自己能無所顧忌、眞誠地表達自我。

首先，將來的安全並非人身安全，因爲那只是想像的一種投射，因此它其實是心理需求。一般而言，人們對於生存環境的要求是，至少要存活不難，他們與親人也不用持續面臨威脅。舉例來說，活在戰地或動盪社會的人可能會一直感到焦慮，因爲其未來的福祉始終面臨龐大的威脅。

第二，無論處於什麼環境當中，人都需要能安心地做自己，能在周遭認可的情況下，安然接受及表達自我的身分認同。當人在心理上無法感到安全，便會產生焦慮、不安與防衛。若是感到安全，則覺得有自信、有希望、自由且自在。

關懷

大衛．漢密爾頓博士（Dr. David Hamilton）在其著作《值得善良》（*Why Kindness Is Good for You*）中探索缺乏生理及心理關懷，確實會造成孩童和嬰兒的生理疾病。隨著我們長大成人，這份對關懷的需求始終與我們相伴，表現成與他人連結的渴望，包括肢體撫觸、歸屬感和家庭。

對於關懷的需求，或許和安全需求息息相關。與群體同住，常是保障人身安全的首要元素。那說明了人何以冀望有家，所以我們關注家人、結交朋友或志同道合者，或是尋覓愛侶。

覺得自己受到關懷的人，往往自覺有價值、充滿信心和安全感。覺得不受關懷或沒有歸屬感的人，則往往感到無望、失落和沒安全感。

衝突時的身心變化

任何能做出生理反應的有機體一旦面臨生存威脅，打或逃的反應（又稱壓力反應）便會下意識地展開。一系列的神經訊號及賀爾蒙機制啓動了交感神經系統，以驚人的方式刺激身體。腎上腺把腎上腺素和去甲基腎上腺素釋放到血液中，使得心跳及呼吸加速，血壓升高，提供能量和氧氣，讓身體能迅速作出回應，從而得以自衛或逃跑。

眼前的威脅是眞實的或認知上的，大腦不總是能明確區分。面對心理上的威脅（這在人際衝突中很常見），大腦的回應幾乎與面對人身威脅無異。於是我們出於自衛與憤怒而猛烈抨擊，藉由迴避、斷聯來逃開，或是變得被動、自貶來表示屈服。

處於衝突當中時，情緒心智正發著火，高層的思考心智則停止運作。所以當我們見到某人言行不當，往往會發怒或暗中生氣，卻不盡然能理解我們爲何會如此反應。多數時候，對方不見得有威脅到我們，但我們的身心就是會這樣反應。

我們無法壓抑這種本能，但可學會有效管理它。舉例來說，呼吸技巧是自我調節的有效方法。試著重複這句有用的口號來緩解神經系統：「我很安全。並沒有人威脅到我。」

此外，僅僅意識到壓力反應，便能讓你在人際衝突的當下記起自我安撫的認知技巧（書末的資源分享中有正念的相關資訊可供參考）。

獨立

美國憲法的作者們認爲，獨立是所有人的一項基本權利（儘管在那時，他們不見得眞有想到「所有的人」）。自由的概念是個人自我認同及安全的核心。獨立，是選擇我們要如何生存、住在哪裡、與誰一起生活的力量。這份需求常展現爲掌控慾，並且每個人都有，只是程度不同而已。

從我們稍早提到的預測模型來想：當我們多少能控制或選擇自己的居住方式、地點和同伴，我們就比較能建立一個可靠的環境。

奪走一個人的獨立感，他們將變得非常防禦、不安、沮喪，不是充滿挑釁就是過分順從。覺得獨立的人，例如能掌控生活，往往也會覺得自由、充滿希望、樂觀正面、有安全感。

成長

基本上，成長是我們在人生中向前邁進的需求，像是設定目標和肯定自己的成就。對成長的心理需求會如何展現，則視文化背景及個性而有所不同，目標包括專業、財務、社會或家庭。舉例來說，某些人認爲唯有賺很多錢，才叫成功；有些人則需要不斷地學習，而當他們獲得新的洞見便感到很滿足。

無論目標爲何，每個人都在尋求心理或個人的成長，那相對滿足了我們對於獨立與自我認同的需求。

自覺沒有任何進步或發展的人容易覺得茫然、沒有價值、沒安全感。至於那些肯定自己有所成長的人，則比較會覺得充滿希望、有自信、有價值感。

刺激

從嬰兒時期開始，人類的心智便在尋求刺激。實際上，大腦需要刺激以獲得充分的發展。人的一生不斷地在追求刺激，也許是透過謀劃、挑戰、娛樂或興趣。當心智毋須爲安全及獨立擔憂時，就會尋找其他的重心，其中有些不具建設性，有些則可支持個人需求並往往能帶來滿足感。

認識衝突化解

現在，我們了解到衝突是來自個人的需求面臨眞實或感受上的威脅，就能如此定義人際衝突的化解：那是人們建立信賴的過程，使人相信自己的需求不會受到阻礙或威脅。若想化解衝突，就必須在彼此間打造信任，相信對方不會破壞自己的需求，甚至在某些關係裡，還能提供幫助，設法滿足。

知道了衝突化解的基本定義，我們便來到兩個基本問題：

1. 如何建立彼此間的信任？
2. 如何有創意地滿足各方需求？

最終能滿足眾人需求的答案，也許一開始都沒有人想到，甚至可能讓我們棄守原來的立場。這是以需求爲主的衝突化解途徑中的創意元素。當我們了解各人受到影響的核心需求，就能合力找出獨特的解決辦法，然後予以滿足（更多有關如何打造創意解方的辦法，詳見第十四章和第十五章）。

衝突管理 vs. 衝突化解

雖說「衝突化解」與「衝突管理」這兩個名詞常被交替使用，然而加以區分還是有所幫助的。

衝突化解是以消弭衝突爲目的的流程，從而恢復信任，重建關係，把衝突置於腦後。這是一種理想，但不見得可能（或安全）。

相對地，衝突管理就比較可行，那是建立某種流程和系統，旨在將衝突的負面效應降到最低，而即便衝突始終存在，仍能保障各方的安全與自主權。

衝突化解可見於在乎彼此關係的人們之間，也許是因爲這段關係本身很重要，抑或是這段關係能協助彼此達成目標。衝突化解也適用於以下狀況：各方不甚在乎彼此，不需要對方來實現自己的目標，並且有能力從衝突中走開。

而當大家需要對方以達成個人目標並且（或者）難以脫離彼此時，衝突管理就比較適用。例如共同撫育子女的離婚夫妻、難以相處卻都熱愛工作的同事、互不和睦也拒絕遷離的鄰居。在這類情況下，建立一套管理彼此衝突的體系，讓大家在歧見中仍能和平共處，要比設法消弭衝突更加可行。

本書中所提的策略幾乎都能用於化解或管理衝突，端看情境與關係而定。若著重於解決問題，可參見第十四章與第十五章。若是著眼於管理艱難的長久關係，可參見第四章與第六章。

信不信由你，我們都需要衝突

我們都知道衝突帶來的傷害，卻也常忽略它所蘊含的契機與價值。要想打造成功的化解衝突過程，一個樂觀的願景是絕對必要的。

不妨從基礎物理的角度看待衝突：衝突就是相對的力量。當兩種以上的力量互相對立，能量便從中釋放出來。這股能量（或說相對力量）所產生的摩擦，創造並破壞這已知宇宙中，物理與非物理的一切。

就人類層面而言，這種摩擦存在於古今各個文化的人們之間，產生及破壞了人類所有的體系。所幸，人作爲有覺知的生物，擁有粒子缺乏的選擇，那就是我們能選擇如何運用衝突產生的能量——是充滿創意地，還是毀滅性地。在每個衝突之前、之中和之後，每個人都有機會自問：「我希望這個衝突帶來什麼，抑或摧毀什麼？」我會說，在任何衝突裡，其一或兩者都完全有可能。

一方面，任由衝突造成毀壞很簡單，也很自然。衝突常會撕裂關係，使產能與進展停頓，讓大家處於防衛狀態。另一方面，衝突也常能激發創新，促使人們和關係成長，改進效能與作業體系，帶來各種進步的成果。社會一切正面的改變，衝突幾乎都是媒介，因爲每一次的挫敗或失誤，都是學習、創新與成長的契機。

就人際層面來說，衝突能帶來各種好處，包括：

- 健全的爭論能帶來更加明智的解決辦法。
- 與伴侶、朋友的爭執能帶出潛藏的課題，增進彼此的理解與關懷。
- 與同事或團隊的衝突能爲組織帶來正面改變，諸如推動新的營運流程、行爲規範、溝通準則。
- 衝突能讓人釐清生活如何有效運作，建立更強的自我意識及信心。

在衝突中，要打或要逃是自然本能，相較之下，用創意來面對衝突以帶出正面結果則沒那麼容易。當然，那正是此書存在的意義。

哪些核心需求造成了衝突？

你正處於衝突當中嗎？挖掘你的什麼需求正面臨挑戰，可能有所幫助。了解其背後有哪些需求正在作用，就能祭出辦法，加以滿足。

做個測驗，想一個你正與之有衝突的對象。每個描述以1到5給分，1是「非常反對」，5是「非常同意」。

自我認同：

1. 他們尊重我，會考量我的選項。

2. 他們不會干涉我認爲重要並有意義的活動。
3. 他們支持我的本我與信念。
4. 他們不會一直質疑我的信念。

安全：

1. 在他們身邊，我可以安然展露眞實的自己。
2. 他們不會干涉我去追求對我的未來有益之事。
3. 他們不會威脅到我的安全或福祉。
4. 他們不會威脅到我的情緒及心理健康。

關懷：

1. 他們關心我。
2. 他們喜歡我。
3. 我關心他們。
4. 我喜歡他們。

獨立：

1. 他們支持我自己做決定。
2. 他們不會干涉我做我認爲對的選擇。
3. 他們以成人的方式待我。

4. 他們不會破壞我擇定居住或工作之處。

成長：

1. 他們支持我去追求知識。

2. 他們不會干涉我能否達標。

3. 他們支持我的個人及（或）專業成長（試情況而定）。

4. 他們不會破壞我自認能在其中成長的環境。

刺激：

1. 他們支持我去追求有趣、令人投入的活動。

2. 他們不會干涉我認爲有趣或刺激的活動。

3. 他們支持我去投入有意思的事。

4. 他們不會阻止我享受樂趣。

低於4分的項目都要檢討一下，那可能點出了某項受到影響的基本需求。4分或5分則表示此人應該沒有受到這項需求的影響。

若某種需求受到負面影響，寫下幾個你認爲可以改善的想法。換句話說，你需要對方、你自己、這個情況怎麼做，以滿足你的核心需求？要讓分數變成4分或5分，得發生什麼事？

2

化解衝突的十個基礎溝通技巧

好的衝突化解策略，必然始於強力的溝通。

在這一章，我們將會看到一些化解衝突的基礎溝通技巧，並且在第二、第三、第四部的各項策略中會應用到這些技巧並加以延伸。

一切在於溝通

記住，衝突化解就在於建立或重建彼此間的信任。想維持和平的關係，那麼我們對旁人如何與我們互動就必須抱持某種程度的信任。而要認識、了解、預測彼此的動機與行徑，最重要的機制自然是溝通，包括我們如何說話書寫、怎麼調整語調及運用表情。

回想我們那股對周遭建立預測模型的基本傾向。出於必要，這些模型也包括人在內。我們跟人的互動愈多，這個模型的正確性就愈高。與人的互動愈少，我們的心智就自行以僅有的資訊填充，從對方的穿著及長相，我們便假設其所屬團體，並下意識從這些資訊來斷定此人的價值觀和信念。要避免這種陷阱，我們必須真正認識他人；也就是說，我們需儘量經常而真誠地與他人互動，並設法按捺住自己的假設。

當我們覺得對方肯定我們的價值觀、信念及需求，我們就開始相信他們；反之，衝突必隨即產生，敬而遠之或充滿防禦也就難以避免。因此，衝突化解的關鍵在於學會以這樣的方式來溝通：清楚地傳達尊重、崇尚多元與獨特性、找出共通目標和價值觀、消除誤解及認知威脅。有了真實的信任（或至少在努力中），相關的各方就都有機會獲得長久的和平。

接下來，我將介紹十種有助於打造信任的基礎溝通技巧。待你在第二、第三、第四部研究完那些策略後，便將領略到這些技巧的美妙。

技巧一：反映式聆聽

反映式聆聽包含兩個部分：積極聆聽，以及反映式地確認對方所言。讓對方感受到他們的聲音有被聽見和得到理解，並保證你確實明白，即有望消弭衝突。

積極聆聽時要保持安靜，專注於對方所要講的，由此看你能否判斷其背後的感受、利益和需求。給予回應時則需明確說出你聽見的要素，把焦點擺在他們沒有明言的感受、利益及需求上。

且舉一例：

說者：我真的很氣你在我講話時開口。那實在很無禮，好像你根本沒看見我一樣。

聽者：我懂了。我插話時讓你覺得既生氣又沮喪，因爲那讓你覺得我沒在聽你說話。

★專家提示★

基本上，這項技巧適用於大多數的衝突。而當對方情緒高漲、深感需要被聆聽時，這招格外有用。

技巧二：換言之

與反映式聆聽類似，「換言之」也是概述你所聽到的。不過，前者的焦點在於對方的底層情緒，「換言之」則比較注重字面本身。有些時候，這更能讓對方感到自己的話有被聽進去。在許多情況中，這項技巧可與反映式聆聽結合並用。

且舉一例：

說者：派特要是沒在期限之前把大綱給我，我就無法如期交差。客户會發火，我們會被狠狠罵一頓，所有人都要倒大楣。

聽者：了解。所以，派特沒準時把該完成的東西交給你，延宕了你的工作，最終會讓公司臉上無光。

專家提示

當寥寥數語便可處理的問題而某人卻謾罵個不停時，運用這項技巧就很重要。

技巧三：被動聆聽

有時候，人們只是希望感到自己有被傾聽，如此而已。不需要給解釋或藉口，他們只要你專心聆聽。

舉例來說，當某人處於極度防衛或情緒化的狀態，不論你講什麼都可能遭到誤解，此時最好就只是側耳聆聽，並微微流露專注的表情。一陣子之後，他們應該會卸下防禦，說話的不再止於一方，他們也較能聽得進其他的聲音。

微微的專注可包括輕輕點頭、改變神色以示同情，或是小小的語調表態。當對方說完卻沒示意你回答，你不妨重複這句：「謝謝你。我明白。」

★專家提示★

當你覺得與某人之間十分緊張，那麼最好就是讓他們說話。反正當下無論你說什麼，大概都於事無補。

技巧四：採用「我」陳述法

「我」陳述法也稱爲「我」訊息法，是一種表達自己的感受和信念而不指控他人的溝通方式。換言之，你以自己和自己的感受包裝訊息，而非對方與他們的感受。

「我」陳述法在化解衝突上相當重要，因爲這讓對方能夠理解你的感受及思維，卻不致感到自己也得擔責。相對地，你若說這一切都是對方的錯，無疑立刻置對方於自衛及防禦的陣地。

舉個例子，與其說：「你讓我覺得內疚」，不妨說：「聽你那樣說，我感到內疚，因爲我認爲那意味著這個問題是我造成的。」

專家提示

當你與置身共同問題的對方交手時，這項技巧便很重要。試著事先寫下你的「我」陳述句，以能從容表達，而不做批判和指控。

技巧五：展現同理心

化解衝突的工具中，最普及、最被深入研究及應用的技巧之一，就是展現同理心。儘管世人常以爲同理心是一種內在能力，並且認爲有人天生就比較具有同理心，但包括史丹佛大學心理學副教授賈米爾・薩奇（Jamil Zaki）在內的學者們則證明，這是一項人人都可以精進的技能。

一直以來，同理心的定義很廣，包含數種元素。爲了擺進衝突化解的範疇，我把同理心分成三個部分：內在的、言辭的與肢體的。

內在同理心是我們連結或體會他人情緒時的眞切感受。言辭同理心是反映式地表達理解，讓對方知道我們正視並懂得他們的情緒。肢體同理心是一種軀體反射，可能包含改變姿態、表情或動作，以此傳達出我們有察覺到對方的感受。

某人對一事件或行爲的認知或許不見得屬實，但他們對其產生的感受則千眞萬確。同理心的可貴之處即在於此。我們習慣透過對方的感受來加以認同，而非透過其所持的信念，因爲那可能是我們難以認同、理解、甚至無法苟同之事。

★專家提示★

當某人提出的問題未涉及到你時，展現同理心便格外有用，也往往更易派上用場。

技巧六：調整肢體語言

美國心理學家亞伯特．麥拉賓（Albert Mehrabian）於一九六〇年代末所做的實驗，破解了溝通中不一致的訊息。舉個例子，當某人說：「沒有，我沒有生氣」，但由其聲調和肢體語言卻顯露出相反的情形，那麼聽者將採信占主導地位的訊息。

根據「麥拉賓法則」，溝通是93%的肢體語言和聲調（分別占55%及38%），內容（你眞正所說的）則僅占7%。

身處困難的對話時，若想有效避免或解決衝突，務必要維持好肢體語言，如此才不會傳達出盛氣凌人或滿不在乎的態勢。儘量保持一種中立的表情，除非你刻意要採用肢體同理心或鏡射（詳見技巧九）。你需展現出平靜而自信的神情（即便你的內心不是這樣）。

此外，留意雙手和姿勢。緊握的拳頭可能被視爲困擾、防衛或指責。用手指著某人可能會被當作控訴或攻擊。雙臂交叉於胸前可能令人覺得你緊閉心扉。兩手放在口袋或背後可能被解讀爲你在隱藏什麼或心不在焉。

請這樣做：雙手放開、放鬆，並且擺在可見之處。

人們在聆聽別人說話時常不知道該把手放在哪裡。就讓它們垂在身側，並微微朝對方接近，儘管感覺上不大自然。你在說話時，甚至可稍微舉起雙手，掌心向上。這些細微的姿態會在無意中顯示出你的坦誠及專注，期待找出解決之道。

★專家提示★

如下一個技巧所示，坐姿有利於放鬆地打開雙手並置於前方，而非置於口袋、背後或呈握拳狀。

技巧七：恰當的位置

若說肢體語言有如我們送出的具體訊息，那麼恰當的位置（我們相對於對方所站或坐的位置）就好比包裝袋。我們不希望自己站在攻擊或冷淡的位置，因此應避免以背示人（那意味著我們不把對方看在眼裡），也別迎頭正對對方（胸對著胸，這種態勢有攻擊或防禦的意涵）。

與對方同坐要比站著好，這樣能讓大家感到放鬆，站著則易產生或延續緊張。如果合適的話，就請對方坐下，並且確保雙方坐在同等高度，兩人之間沒有障礙物。

如果對方寧可站著，或是場地無法選擇坐姿，那就與他們同站，但要維持一種不帶威脅性的站位：別跟對方胸對胸，稍微側開些，就好像你們要一起上台面對觀眾。兩人一起面對同個方向，可在無意間激發並肩合作的氛圍。

★專家提示★

如果你要幫人解決衝突或協助展開一場困難的對話，可將座椅排成三角形或圓形。愈接近圓形、避免長方形愈好。圓形能促進海納百川、流暢無礙的對話。

技巧八：調節語調

置身充滿挑戰或敏感的對話中，採用正確語調至關重要，卻也可能非常困難。語調太大聲或太激烈會顯現出攻擊性，引發對方採取防禦姿態；語調太平靜或過於僵硬，則容易顯得冷淡或不專心，造成緊張或疏離。

避免或化解衝突的正確語調極其微妙，要視各個狀況而定。不過，我常把正確語調想成三個C：冷靜（Calm）、同情（Compassionate）與自信（Confident）。

保持冷靜，爲對話鋪陳出穩固的空間。聲音略低，但別低到使人覺得消極。你要讓聲音透出自信，而不是傲慢。有了冷靜的自信，同情便有了空間。

舉個例子，當你跟一個懊惱的人談話，不妨把自己當成照顧者。當你進房時發現摯愛的親人陷於苦痛當中，即便對方煩躁地口出惡言，你會升起防禦心嗎？還是你會嘗試去理解？想像你當下對這位受苦的親人會採用的語氣。你會需要以一種冷靜堅強、心胸開放的方式溝通。如果你把他們當時的反應放在心上或採取守勢，回以嚴厲或躲避的語調，那麼你就忽略了他們正在受苦、只是想博取關愛與溫暖的事實。

★專家提示★

說話的節奏也是重要關鍵。專注地說出完整的發音，能讓我們把說話的速度放慢到合理的節奏，不致聽來顯得降尊俯就或高人一等。

技巧九：鏡射

身處艱困的對談時，我們希望能與對方建立起同袍情誼，而非相互對壘。搭配本章的其他技巧，鏡射能幫你達成這個目標。

基本上，鏡射就如其字面意思，亦即盡可能映照出對方的非語言溝通，包括其聲調、肢體語言、說話速度、節奏、音量，以及談話模式。

你甚至可以採用他們的某些語彙。讓對方自在表達是溝通理論的重要概念，在談話中做出鏡射，讓他們明白我們是同道中人，接受他們的表達，順其自然，而非企圖掌控。

★專家提示★

鏡射技巧要謹慎為之。應避免模仿他人，因為那會顯得自以為是或是很突兀。

技巧十：提問

面對衝突時，你可能得問些問題來釐清重點，搞懂對方的感受或需求。提出開放式問題很重要，這樣對方才能自己做出結論。

舉例來說，「你覺得如何？」要比「你覺得悲傷嗎？」更爲開放且深入，後者是個預設情緒的是非問句。

而提出正確問題，可能又不如提問時的心態重要。進行困難的對話時，應抱持探索與好奇的精神詢問。爲追求了解而問，而非爲了逼迫、說服或操弄。當對方在回答時，要懷著理解的心態認眞聆聽，而不要設想怎麼回答或下一個問題要問什麼。

★專家提示★

若別人帶著問題來找你，你是否提問並不要緊。若是你帶著問題去找別人，就一定要藉由提問，請對方加入對話。儘量別將你的問題變成一項指控。

如何帶著這些溝通技巧前進

每一種互動或關係，可能都需要這些技巧的某種組合。不過別擔心，它們自會在時機成熟時手到擒來。個別使用也好，組合混用也好，愈是能將這些技巧運用自如，你的人際關係勢將愈穩當。當中有些技巧你可能已經運用純熟，但經過刻意練習，你將能更有效地掌握運用的時機及方式。

若想加強，請慢慢開始，一次專注練習一種技巧。例如一天只練習反映式聆聽，隔天只練習展現同理心。

當所有的技巧都一一練過，便可試著交相並用。隨著時間的推移，你將更懂得拿捏某些場合該用哪些技巧，最終那將成爲你的第二天性。

在接下來的章節中，看看你能否挑出最能解決各種處境的溝通技巧。

【第二部】

避免衝突的策略

現在，你已明白衝突是來自某人的需求受到威脅或得不到滿足，那麼該如何事先防範呢？

接下來幾章，你將學到一些策略，助你及早脫離阻礙他人的需求，也解除你自身需求所面臨的實際或認知上的威脅，防止事態升高為衝突。

3

針對艱難對話營造正確情境

麥特與凱莉結婚剛滿十年，有兩個兒子，分別是八歲的麥斯和十三歲的艾文。夫妻倆合力經營一間小型顧問公司，生意一直不錯，最近卻因爲一些無法掌控的外界因素，導致業績不斷下滑。除了公司專業上的壓力，艾文在學校也出現課業及社交困境。

不難想見，凱莉爲此變得愈來愈焦慮。每晚睡前，她總要向老公抒發自己的憂慮，而麥特雖能理解老婆，自己卻另有因應方式，不打算抱著焦慮入眠。他希望能在睡前享受寧靜時光，讀本好書慢慢放鬆。

凱莉可以明白，但隨著日子過去，壓力不斷累積，她愈來愈感到沮喪，麥特卻似乎沒打算找出時間來討論這些重要議題。一天晚上，緊張情勢來到頂峰，凱莉開始發洩，麥特厲聲喝止，兩人大聲爭吵，結果那晚麥特到樓下沙發睡。麥特擔心這樣的情況會沒完沒了，凱莉則擔心他永遠不願好好聆聽，共同解決愈演愈烈的種種問題。

無論公私場域，合夥人都需要時間表達自己的擔憂。只是要爲這類談話打造適當的條件卻十分困難。但不這麼做，雙方都會覺得自己的需求遭到漠視。

以上述案例而言，凱莉對關懷與安全的核心需求，展現爲對關注與保證的渴求，但沒能獲得滿足；同時間，麥特希望獨立的核心需求演變成對自我空間的控制權，也受到了挑戰。要防範衝突發生，務必得打造正確情境，才不致衍生出充滿壓力、情緒充斥、引發焦慮的對話。

在任何關係裡，各方應該要能自在地表達需求、感受和擔憂。同樣地，各自也應該要能掌控自我的空間和界線。

以下是策略面的一些最佳做法，確保你能爲艱難對話建立正確情境，維持信賴，滿足彼此的需求，防止衝突到來。

撥出時間討論

- 在家中：可採每週家庭會議的形式，大家同意在一個特定時段，坦然聆聽彼此並討論困難課題。
- 職場上：應採常態性的上司與下屬一對一會議，肯定下屬做得好之處，同時也各自表達自己所面臨的困境。

訂定對話協議

- 在家中：可以規定大人成員只能在指定的時間討論特定議題或提出困境。
- 職場上：可以明確規定團隊討論難題或挑戰的時間點。例如在協議中聲明：可先寫下難題，再於每週小組會議或每月一對一會談中提出討論。
- 於公於私，試著創造出象徵要有困難對話的共同語言。舉個例子，如果過去我用「釐清」來暗示我想討論某個問題，那麼我可以說：「嘿，你明天傍晚五點有空一起釐清某事嗎？」這樣，對方就心知肚明，可預作準備。

承諾保持冷靜

在展開困難的對話之前，對自己許下承諾，無論情況如何發展，絕對會冷靜自持，耐心聽對方陳述。一旦有人拉高嗓門或展開防禦，有效溝通的條件就消失無蹤了。

掌握靈活的肢體語言、恰當的位置及聲調，都有利於為艱難的對話打造有效情境（詳見第二章）。

★作者建議★

一般來說，所有的困難對話都應面對面或以電話進行。電子郵件或簡訊存在太多誤解語調的可能，以此方式進行困難討論常只會導致更多的衝突及挑戰。

幫自己一個忙：當你有困難之事要與某人討論，你可以傳送訊息或電子郵件，但只是詢問對方下午是否有空，還是什麼時間比較方便。讓他們決定何時能撥冗聽你說，如此，你會覺得自己說的話有被聽進去，對方也不會感到被纏住。

重點整理

- 讓雙方都感受到自己說的話有被聽見，並且能掌控自己的個人空間，這很重要。
- 排出時間進行困難對話並承諾保持冷靜，有助大家充分檢視議題，找出辦法，預防有解的難題成為嚴重的衝突。

在家中，我常發現晚餐後（或是等孩子上床後）是良好時機。

在職場上，每週某天接近傍晚，當白天的工作已差不多完成，那時可能最是理想。

• 當你發現自己無法在艱難的對話中保持冷靜，就起身走開，重新整理思緒。

你可以花一點時間閉上眼睛，專注呼吸，提醒自己：「我能辦到，不會有事的。」

當你能平靜清晰地溝通時，才重新回到對談。

4

放下厭恨之心

無論奧莉薇亞怎麼努力，似乎都做不好——至少在娜塔麗眼裡是這樣。嚴格說來，娜塔麗只是奧莉薇亞的同事，而非老闆，但她總是苛刻地批評奧莉薇亞。譬如上禮拜說她的月報「設計得很怪」，再上個禮拜則說她的穿著在辦公室怎麼看就是「怪異」。實際上，奧莉薇亞還眞想不起來上次跟娜塔麗有正面對話、甚至堪稱有意思的交談是什麼時候，而她也實在不懂娜塔麗這樣對她的理由何在。

兩年前當奧莉薇亞進公司時，兩人幾乎每個早晨都一起買咖啡，週末甚至偶爾會結伴出去。但大約半年前，一切都變了。

不用說，娜塔麗對此事的視角截然不同。打從奧莉薇亞被升任爲資深專案經理，她就在辦公室對所有人發號施令，包括娜塔麗在內。奧莉薇亞不知道或是沒能看出來的是，娜塔麗爲爭取這個位置努力了五年——足足比奧莉薇亞長五年。或許娜塔麗自己並不承認有一小塊的自己深信，折磨奧莉薇亞將迫使她離職，而留下的位置將由自己頂替。

很顯然，娜塔麗對奧莉薇亞懷著極大的怨恨，而那幾乎無關乎奧莉維亞的所作所爲。怨恨如此複雜：它可能在個人及專業關係裡惡化，因直接的藐視或言論、間接或無心的舉止而浮上檯面。

無論某人做什麼，當你討厭他們，你就是無法開口給予肯定。你的心智本能地尋找一切證據來佐證他們就是不對，並貶損對立的證據。假設你得跟這人講話、甚至合作，那麼這種怨恨勢將導致衝突。

娜塔麗也許以爲對奧莉薇亞抱著怒意是對她的懲罰，然而實際上受這股怨氣懲罰最大的是她自己。無論她與奧莉薇亞之間是否發生衝突，懷抱負面思維和情緒，都會在她自己的心靈上造成摩擦與衝突。這可能因爲一部分的她明白，自己的怨怒其實是一種嫉妒。如果你想避免衝突發生或惡化，就得探索一切怨恨，盡力將其轉化爲比較健康、更有建設性的面貌。

要放掉怨氣並不容易，但在策略面上，以下是我用來讓打算療癒舊傷口、防範衝突產生的人使用的兩個練習。

「清理」練習

想著你討厭的對象，然後完成以下句子。如果此人身上有許多地方讓你討厭，你可以重複多做幾次這個練習。

練習的步驟

〔名字〕，我覺得 → 〔填入情緒，而非想法〕

因為

當你…… → 〔填入目前或過去的特定行爲與情境〕

我把它解釋為…… → 〔填入想法、解釋和意義〕

於是，我不相信你…… → 〔填入斷定、假設和評估〕

我需要你做的是……

（填入未來的特定行爲）

範例（從娜塔麗的角度）

奧莉薇亞，我覺得羞愧及憤怒，

因為當你接受資深專案經理一職時，

我把它解釋為你沒有把我的任職時間與我的職涯目標放在心上。

於是，我不相信你真的有把我當作朋友關心，或是會支持我在專業上的成長。

我需要你做的是，說你真的在乎我，你接下這個職務時並無意踐踏我，

並且你會盡你所能，讓我跟你一起領導這個專案。

你願意嗎？

這個練習可用以破除你怨恨某人的癥結，並將你眼見的行爲和你賦予其上的意義及判斷分別看待（更多相關內容詳見第十章）。這也讓你有機會表達你在怨怒之下的情緒。如果這個練習是當面進行，那麼雙方都應充分了解整個順序及運作方式（一般來說會由協調者協助進行）。

假如對方不想參加或是你找不到協調者，那麼不妨就與對方坐下來談，說你需要他們此後怎麼做（上述步驟的最後部分）。此時要記得使用「我」陳述法（參見第54頁），才不會讓對方聽來像是控訴或批判。

「三部曲和解書寫」練習

若直接面對對方不在可行的範圍，以下的三部曲和解書寫練習會是抒發怨恨的有效途徑。

1. **你寫的信**。把你放在心裡的所有清晰話語、所有你想跟對方講的東西全部寫下來（你並沒有眞的要把信寄出去）。宣洩，但不帶譴責或批判。記得把他們的行爲跟你的認知及感受分開。事件中任何你自己應該承擔的部分，你都要負起責任。最後，說出你的需求及（或）期盼。此後你希望從對方那裡聽見或看見什麼，無論那意味著分道揚鑣或是重建彼此關係。

2. **對方的回應**。現在你要以對方的立場，回信給你的前一封信。想想在完美的世界裡，你希望他們怎麼說。什麼能眞的讓你覺得有被聽見、有被放在心上，使你的需求得到滿足？寫下來，就好像對方眞的聽見了，也理解你了。讓他們擔負起這場衝突中他們該承擔的部分。末了以眞誠的祝福收尾。

3. **你的答覆**。最後，回覆對方的信。謝謝他們願意負起責任，並對他們釋出願一起和平邁進的意願予以肯定。同樣地，以祝福作爲結束。

這個練習乍看之下也許有點蠢，療癒效果卻可能奇佳。根據《歐洲社會心理學評論》（*European Review of Social Psychology*）的一項研究，想像向心中的對手遞出橄欖枝，便能啓動眞實接觸所啓動的同樣大腦區塊，帶來和解的感受。

重點整理

- 怨恨可能是心智的一種保護機制，以預防未來的痛苦。當你寫下你從中學到的一切，或許就能放下這股怨氣。
- 說到底，懷抱怨恨只會傷害你自己，對方可能不會受到任何影響；而即便會，與某人處於一種負面的互動，也只會造成心理傷害。
- 在你的內心深處，在驕傲和保護層底下，是否藏著真心不想再怨恨誰，只盼能放下所有恩怨的想望？我相信有。跟著那股直覺走吧！

5

設定明確期待

湯姆生命中最重要的人似乎總是讓他失望。

前妻的不斷找碴導致永無休止的爭吵，無論怎麼做都似乎不如她意，最終，受夠的湯姆訴請了離婚。

現在，他真心喜愛的新女友諾拉也開始讓他失望。晚餐約會遲到，不及時回覆簡訊或電話，有時還毫不客氣地批評他的穿著。他知道該對這些一笑置之，卻忍不住想起前妻的行徑。

他想找最好的朋友馬可訴苦，但馬可訂婚後卻宛如人間蒸發。彷彿私人層面的這些狀況還不夠讓他悲哀似的，他的助理布萊迪還一直漫不經心，總是遲到，凡事打馬虎眼。

不管湯姆是不喜歡對抗或純粹無法說出自己的需求，他的無法設定明確期待，的確爲他的人生製造了種種事端。

平心而論，沒有人能夠讀心。以爲對方明白你的期待或他們已同意你的期待（反之亦然），並不總是合理。若我們沒有爲他人設下清楚的期待，並確切理解他們對我們的期待，彼此勢將產生衝突。

要防範這些衝突於未然，必須建立清楚的「關係協定」——一種在互動時相互接受的行爲準則。我們與所有產生互動的人之間都存在著關係協定，其中多數不言而喻（心理學家常稱之爲「社會契約」），有些則很明確。跟路上的陌生人，我們同意點頭微笑或互不搭理這樣的模式；跟朋友之間，我們的默契是彼此支持，經常聊天；與企業夥伴，我們有著法律和組織契約。

無論是不言自明或明文規定，關係協定在任何情況中都很重要。任由違規行爲繼續，就像湯姆那樣，絕對會導致憤怒與厭恨。另一方面，解決違規狀況並明定各人期望，則可闢出一條回到相互信賴與滿足的康莊大道。

策略面

你與某人之間的壓力正在累積，接下來的策略面將有助你釐清你對他們的期待，也可幫助你適時調整自己。

釐清期待

在下列表格中列出任何讓你感到失望或沒達到你期望的人。（以下是我就湯姆的立場所寫。）

名字	當你……，我感到失望	我希望你……〔填入特定行為〕	我建議的協定是……
諾拉	好幾個小時還不回我電話	兩小時內回我電話。如果太忙，就用簡訊讓我知道你什麼時候能回電。這樣可行嗎？	兩小時內回覆對方電話，或以簡訊告知何時回電。
布萊迪	上班遲到	9點上班，若趕不及就打電話給我。這樣可行嗎？	你早上9點到公司，若遲到要先打電話。

這項練習能讓你確認你希望從對方那裡得到什麼。必要時，你可以爲同一個人填寫上數行期待。等你清楚了自己的期待，你可以把感受告訴對方，或是很自然地建議某種共識，不過這要看情況與關係而定。

在某些情況下，尤其是職場，問責措施可派上用場。而在個人關係中，若有人破壞協定則不見得能祭出什麼樣的後果。這種時候，最好的做法是討論破壞協定的原因，以及若關係要繼續下去，彼此應如何調整。

必要時調整期待

經過評估和相互討論，你可能會發現你與對方的期待無法契合。爲了緩和失望，更爲了防止衝突，你有必要調整自己的期待。

下面列出三個值得自問的課題。

這段關係的價值何在？

所有的關係都藏著某種成本效益方程式，也就是其價值與你需付出的努力之間的平衡。

根據你對對方的合理期待，自問這些問題：我付出了這麼多，相較之下我得到的夠嗎？我的人生需要或想要這個人嗎？如果答案是否定的，也許就是你該大步向前的時候了。

你願意放下原先的期待嗎？

若這段關係值得保留，那麼就接受新的期望值，別再糾結於過去雙方同意的協定。

當對方已清楚表明無法達到你的期待，而你還一直希望他們能做到，那就不合情理了。

這段關係的發展空間如何？

無論公私關係，對方有不同於你的期待、標準或能力都沒關係。一開始不需要刻意配合，重點是澄清彼此的期待，順勢調整自己。

最健全的關係，是能透過有效溝通來協助彼此適應、理解並尊重對方的準則。當你長久以來有某個重要親友很難相處，但此人對你卻意義重大，這就格外重要了。當你希望生命中有這個人，就說清楚你對他們的期待，同時也要學著去接受、甚至欣賞他們能夠做到的部分。

重點整理

- 別假設某人理解你對他們的期待，或是以為他們故意讓你失望。
- 若你似乎讓某人失望，請他們列出對你的期待。看看自己能否做到，或是請對方加以調整。

- 與伴侶及下屬之間，試著寫下關係協定（即便這份協定很有彈性並且會隨著時間改變）。至於親人及朋友，清楚的口頭聲明應已足夠。
- 當對方無法理解或尊重彼此的界線，例如在相互依存的關係（codependent relationship）中，想設定明確期待並要求對方承擔責任，恐怕很難。在這類情況下，如果不想割捨這段關係，那麼強烈建議求教於伴侶諮商或溝通教練。

6

了解不同的溝通風格

自己先是主廚，然後才是老闆——至少哈維自己這麼認爲。

很幸運的，透過共同的朋友，哈維認識了潘妮洛普，她是當地一家餐飲集團相當出色的經理人。

起初哈維只是私下請教潘妮洛普，不久後她便成爲他的營運總監，不僅能給他策略上的建議，還將他介紹給投資人，讓他得以併下隔壁空店面，將小餐館擴展。能夠得到這樣一位經驗豐富的生意夥伴，哈維深感興奮。

三年後，這段夥伴關係岌岌可危。潘妮洛普講話飛快，腦筋靈活，溝通直接。她問話直率，也期望能獲得明確答覆。她沒時間蹉跎或者等上幾天只爲個簡單答案，在面對投資者關係時格外如此。至於哈維，說話喜歡慢慢來。他字斟句酌，需要好好思前想後。他語調輕柔，態度內斂。若受到催促，他可能會辭不達意，人也會跟著沮喪封閉。

哈維的溝通風格讓潘妮洛普徹底抓狂。他沒立即作答時，她就會失去耐性。她需要答案，而當哈維無法馬上提供，她就覺得他不該當老闆。

哈維覺得潘妮洛普的態度令人惱火，她似乎要主宰所有的談話，並且她那些問題愈來愈像是在挑戰他的才智與權威。他本能地閉口不言，而那又讓潘妮洛普更變本加厲。

人們因溝通風格不同而產生衝突不時可見，在家中或職場上皆然。有趣的是，直接了當派往往會吸引（也被吸引）較爲被動派，這在專業上及情感上無不如此。也許相反屬性就是會互相吸引，也或許那是一種移情作用。當某人在伴侶身上看到父母的溝通模式，下意識便希望藉此伴侶關係來療癒童年創傷。

無論什麼理由，能辨識各種溝通風格並加以尊重，對預防衝突非常重要。這麼做，我們便不再誤解旁人那樣說話的原因，並得以理解自己的揣測與他人眞意之間的差異。

那麼你想避免與溝通風格不同的人產生衝突嗎？請遵循以下四條守則。

停止假設

也許某人的溝通風格讓你想起了某人，於是你本能地畫上等號。也許對方的溝通風格就是讓你渾身不對勁，而你不知道原因爲何。無論如何，別再因爲他們的溝通風格而假設其存心。你的假設很可能不對，並且偏向負面。

當你知道對方實際上是一片好意，他們尊重你並關心你，只是因爲風格而顯得稍有侵略性或逃避性，你就不會那麼自我防禦。所以若某人沉默或似乎很被動，別假設他們漠不關心或沒有考慮你的意見。若某人直接而毫不掩飾，也別假設他們意圖攻擊。

嘗試釐清

當對方的溝通風格就是讓你不舒服，例如讓你想發火或乾脆躲開，便值得深入探索其中原因。

試著直接告訴他們你對其言語的詮釋，並請他們加以澄清。

舉個例子，哈維可以說：「潘妮洛普，當你在我能回答前不斷發問，這讓我覺得你是想下馬威。你是那個意思嗎？」

尊重對方的意圖

當你釐清了對方的用心或他們實際上的經驗，應盡力予以尊重。

舉個例子，潘妮洛普可以回答說：「不是這樣的。我發問純粹是因爲我在乎我們的事業，希望能儘量顧到每個層面。」然後就輪到哈維得尊重這點，記住她的提問並非挑戰，她的語調也非意在恫嚇。

提醒自己曾有的不當詮釋

面對會觸發不良反應的溝通風格，要改變詮釋與本能反應是很難的。那需要時間與耐性，並且也別期望任何人（包括你自己）能馬上調整其溝通模式。

你能做的只是提醒自己：雖然此刻我覺得想發作，卻不代表對方有意攻擊我或躲避我。那只是我的看法，並不見得正確。這需要時間和努力，但若這份關係值得維繫，就絕對需要努力以避免衝突。

若你看來惹到了某人，卻不明所以，你應該找他們談談，並試著調整自己的溝通風格。遵循上述的大原則。不時與對方確認你的改變，這點很重要——起碼在開始階段是如此。

★作者建議★

簡訊及電子郵件是溝通風格中產生衝撞的溫床。

有些人喜歡以驚嘆號及表情符號讓語調顯得輕快，有的人則習慣回以沒有標點的寥寥幾句。這類訊息常會導致誤解。

舉個例子，簡短的答覆讀來可能令人沮喪，但實際上可能只是對方沒時間詳盡闡述或找出恰當的表情符號。因此，你若經常需要透過簡訊或電子郵件與某人往來，需先認清他們的風格。

別假設他們的意圖，並壓下那股讀出言外之意的衝動。

重點整理

- 別假設你明白對方的語調及方式透露了什麼。你會那樣詮釋，其背後有著深層的心理因素。
- 要理解他人的溝通風格需要時間。無論是家中或職場上的密切關係，溝通都需要討論與調整。給自己學習和犯錯的空間。保持耐性。
- 語調對於溝通太重要了。在缺乏語調的情境下，例如電子郵件或簡訊，我們的心思很容易自行補上這塊空白。當你的心思按捺不住時，需嚴加制止。

- 面對各種溝通風格，對自己會被什麼觸發要有所覺。第九章提供了有用的練習，供你辨識會讓你發火或逃避的溝通風格、用語或音調。

7

尊重多元背景

傑森和潔西卡結婚三年，兒子一歲大。兩人雖來自不同背景，卻都非常重視家庭。只是當彼此的家庭一年相處幾次時，情況就有點緊張了。傑森的爸媽習慣拉大嗓門說話，打斷別人，肆無忌憚地發表自己固執的看法。他們就是那樣成長的。但這種溝通方式讓潔西卡的父母很不敢領教。他們安靜內斂，有什麼意見往往會放在心裡。相對地，傑森的爸媽常覺得親家不夠坦然，而且自以爲是。當兩家碰到一起時，傑森和潔西卡兩人常覺得必須控制住場面，以免兩邊互槓。

小倆口的處境很典型，亦即當有人無法體貼教養背景或生活方式不同的人時，衝突就容易產生。這種情形可能出現在任何情況，公私場域皆然。

要澄清的是，這不見得反映出隱性的族群偏見，像是種族主義、性別主義或民族中心主義。上述場景主要是出於溝通或個人風格的差異，與某種更大族群的象徵風格無關。如果這些夫妻有意無意地把溝通風格視爲一種種族問題，更不願互相理解，那麼情況將演變成族群偏見，而那會需要更深入、更複雜的衝突預防流程。

一般來說，論及溝通時，若我們不尊重某人獨特的社會文化背景，就可能在有意無意間貶低、威脅其自我認同上的需求。

《組織行爲與人類決策過程》（*Organizational Behavior and Human Decision Processes*）刊出的研究指出，當一個人的自我認同受到威脅時，防禦性的心理機制油然啓動，由此可能導致衝突、憤怒與厭恨。

因此，防止衝突的前提是，我們要顧及他人文化上的特殊風格及偏好，包括由種族、宗教、性別、年齡、性向、感情狀況等衍生而來的種種情形。是的，確實得考慮多方面向；不，我們永遠不可能完美。但學會尊重這些偏好與風格，將有助我們避免不必要的緊張和誤解。

想想你跟某位親友就不同的政治觀點起了爭執，或是哪回某人沒能尊重你的文化背景（抑或是你沒能尊重對方的）。感覺如何？結果如何？那番衝突本來是可以避免的嗎？

想要維繫並改善彼此的關係，我們就要能感受到互相的信賴、關懷及依靠，好一起朝共同的目標努力，即便那目標很小。

尊重多元（種族、民族、文化等），要比假裝這些差異不重要或不存在，更能防範衝突於未然，帶來更使人滿意的結局。

給個人的一些參考

假如你有心更加打開胸懷，改善與不同背景、信仰、看法的同事及親友間的關係，不妨採取以下幾個步驟。這道流程並不容易。如果你覺得簡單，那麼你恐怕是做錯了！話說回來，它絕對值得努力去做做看。

自我教育

在社群內外尋找契機，拓展自己在文化上的視野。試著增進對各種文化及宗教的認識。盡可能去找意見相左的人（也許是某位親友），閉嘴傾聽，不要爭辯。正視自己懷抱哪些偏見，不要只是聽到什麼就加以反駁。深思一下對方的觀點，一分鐘也好。讓他們知道你有聽進去，並試著消化及理解。

當他們講完，你可以說：「謝謝你告訴我這些。我會好好想想。」或者如果你沒有聽懂，盡可抱著好奇、鑽研的心態發問。但不要問那種會刻意挑戰、激起辯論的「誘導性」問題。

放下想穩坐正確寶座的執念

我們都希望自己是對的。向自己提出挑戰，試著接受這個觀念：「對自己來說是對的，對別人而言卻不必然是如此。」如果這樣做很難，不妨自問：爲什麼我一定要是對的？我對了又怎樣？我認爲是對的，別人一定也要認同嗎？有可能你將自己想要對的渴望跟需求混爲一談了。

追求彼此理解，而非試圖說服

涉及敏感議題或信念的對話時，千萬別以讓對方認錯爲目標。那不僅不可能，更會破壞彼此的關係。你對他們信念的觀點與他們無關，反而還可能顯得你冷漠和傲慢。

你應該提問、學習並試著理解。理解才是首要目標。當你願意傾聽並嘗試理解對方的信念與價值觀，就可能開啓一道空間，讓他們解除防衛，眞心傾聽，以明白你的信念與價值觀。

記住，在對方知道你的眞心之前，沒人在乎你了解多少。

重點在於個人

比起針對個人，批判或指責整個族群要簡單多了。當我們能看到個人的細微處，就能在其中看到自己，並對他們獨特的生命經驗與信念的形成抱持開放，而非就其認同的群體評判其價值體系。

有此認知之後，也要記得我們只看到他人生活的一小部分。我們沒看到他們的掙扎、他們的苦痛、他們的歡欣、他們的歷史，或是他們的日常經驗。

時時反思自己的觀點，尤其是關於文化、種族、政治等具爭議性的敏感議題。努力找出一切隱性偏見（參見書末的資源分享），在涉及到與對方經歷相關的話題時，想想你有而對方沒有的優勢。

記得你們的共通之處

盡力去體認你與他人的共通點。認同這共同的群體或價值體系，相信自己歸屬於這更廣闊的人類社群。

給組織的一些參考

如果你有心想改善組織內的跨文化關係，這裡有些頗富創意的做法，能提升公司正視並尊重文化及族群差異的機會。

以下是我的公司協助規劃執行的一些案例。

安全論壇

這可以是固定月會，主題是個人的需求、感受及偏好，特別是與其文化背景或族群相關的課題。這類論壇應明確定位爲能自在表達的安全空間，不用擔心會被建檔或算帳等不堪後果。只要大家能謹守彼此尊重、使用有建設性的語言，安排成匿名的線上形式也不錯。

有共同目標的趣味活動

《社會認同過程：理論與研究趨勢》（*Social Identity Processes: Trends in Theory and Research*）書中的一篇評論主張，在不同群體間打造共通的認同與目標，能促進整體和諧。可以推動一些趣味活動，讓有著不同背景的同事專注於所屬團隊。舉個例子，你可以建議舉辦跨部門競賽，像是週末下午的趣味遊戲，冠軍隊伍可享週一免費午餐。

跨文化或多元方案

設計一些尊重各族群傳統的節目，鼓舞大家從中學習和體驗。在心理學及衝突研究中，有一整塊領域運用「接觸理論」來消弭群體間的偏見，藉此提升信賴與理解。

《國際跨文化關係期刊》（*International Journal of Intercultural Relations*）中的一篇文獻認爲，在適當的情境下，與來自不同背景和文化的族群更常接觸，能帶來更深刻的同情、理解與敏銳度。我知道有一家公司每月會舉辦文化烹飪日。公司在這天慶祝某個不同文化，凡認同該文化的同事負責帶領並介紹其傳統佳餚的烹飪課，其他同事可以跟著學。他們在課堂上說起料理的淵源，講述許多故事，也分享一些祕訣。結果不證自明：根據公司內部文化調查顯示，這項節目開辦後，包容與合作感都有顯著的提升。

多元、平等、共融訓練

經常舉行一些訓練課程，有助加深彼此的理解，化解權勢差異，培養敏銳度與情緒智商，以及闡明各族群獨特的觀點與偏好。課程主題可包括多元、平等、共融；隱性偏見；團體輔導。訓練通常包含資訊教育，討論多元的利益及反面後果；也包含動態的互動式課程，讓大家更熟習其他文化，學到妥適的應對進退，聚焦於共通的身分認同與價值觀而非彼此差異。

訓練課程不應只是曇花一現，應經常舉辦，並且最好有安全論壇、團隊凝聚活動、增進多元共融的配套措施。

重點整理

- 穩定的自我認同是最基本、最重要的心理需求之一。當我們感到自己的身分不被認可和尊重，防衛與衝突將隨之而起。

- 與任何人往來，尤其是來自不同背景或文化的人，真心絕對至上。像個人就好，並且明白所謂像人，就是具備包容力。
- 涉及多元的人際衝突時，背後往往是各種的壓迫體制。職場上更容易反映出權力結構與社會的不平等，大方面顯示在諸如薪資不均，小方面則如隱性偏見，進而引發衝突。
- 多元議題廣而深，此書只能觸及表面，更多資訊請見書末的資源分享。

8

想打斷他人時
可採行的溝通步驟

詹姆斯是一家知名科技公司的法律總顧問。他能爬到這個位置不見得是做人成功，而他也明白太跋扈並非好事。與他共事者都認爲他聰明、直接，是優秀的領導人。但過去六個禮拜，人資部主管告訴他，有幾位同事及下屬提出申訴，說詹姆斯令人畏懼，難以與之對話。

瑪麗就愈來愈不能忍受待在詹姆斯手下。她擔任助理不到兩年，幾乎每次她提出意見，詹姆斯都立即封殺。她覺得自己講的東西好像從來不具什麼價值。她常懷疑詹姆斯幹麼還留著她，而他毫不留情的溝通方式也讓她愈來愈不敢開口。她不知道如何與詹姆斯懇談，只好私下找人資尋求意見。

對詹姆斯來說，人資的報告有如晴天霹靂。工作就是工作，他從沒想過把個人的感受帶到工作上。凡事盡快切入重點，才能有最大產能。他以爲同事和下屬都了解這點。儘管如此，他需要大家，並且也不希望讓任何人感到不舒服。

詹姆斯知道自己得有所改變。當他告訴妻子奧黛麗，她的口氣平常：「是呀，這不難理解。」

詹姆斯顯然一臉困惑，奧黛麗便進一步闡明：「詹姆斯，你對我也是那樣。記得上個月我提議一起去找伴侶諮商嗎？你總是想都沒想就直接把我的話打斷，還端出上千個理由來支持你的立場。每當你做出決定，你根本就不會再聽任何人講話。」

不願傾聽或直接拒絕，會令旁人升起防衛，讓人感到受傷，無意投入其中。相反地，對他人的意見抱持開放，誠心考慮其建議（即便你並不贊同），做出你有聽進去的反應，則是緩和衝突的重要關鍵。這是「權威溝通」與「合作溝通」

的差別，後者是建立信賴的基石，因爲每個人心理上都有獨立與自我認同的基本需求。

這樣的需求往往展現爲被聽見、受到重視、獲得考慮的渴望。當詹姆斯這種高成就的「A型人」講話太直接，很容易就會威脅到他人期待能被傾聽及受到重視的需求。同理，溝通風格較柔軟、相對被動的人，在情緒來時容易沉默，拒對方於千里之外。

不管你的溝通風格爲何，如果你想置關係於工作之上，就得擱置效率，在策略面上採行下列步驟。

給對方被聆聽的時間和空間

即使你不贊同，也要認眞聽別人的意見。按捺住你的批判。記住，人都需要覺得自己有受到重視，而表達你重視的最好方式之一，就是聆聽。聆聽也能確保你完全清楚你所聽見的。

你可採用鏡射技巧來表達你的專注傾聽，像是點頭、與對方的表情同步、配合對方的語調簡短回應，如「哇」、「了不起」、「太驚人了」。

重複你所聽見的

聽完對方所說的話之後，試著複述或者用自己的話整理出對方的重點，以顯示出你確實理解他們的話。這並非表示同意，純粹只是驗證其觀點。

考量對方意見，思索其中價值

如果你看到他們意見裡的優點或價值，把它們說出來。也許像是「對，我看得出其中的價值」或「我喜歡這個想法」，然後便住口。別帶出你的「可是……」。先花點時間思索一下你看到了什麼困難（如果有的話），以及如何適當地表達那些阻礙。

你用來估量對方所提想法優點的時間，是對其價值的再次肯定。

提出阻礙，詢問解方

與其馬上拒絕或者提前打斷，不如讓對方了解你從他們的提議裡看到的困難，然後詢問他們是否有任何解套方法。你並非封殺這個意見，或試圖解釋爲何它行不通、沒有價值；你是從你的角度陳述可能出現的難題，並且詢問對方對此是否有任何建議。

聽來也許像：「我看到的阻礙會是出貨系統。我不確定我們怎麼確保能準時交貨。你有想過怎麼克服這個潛在問題嗎？」

提出詢問，讓對方重新掌握情勢，賦權給他們去動腦解決你看到的問題。

★作者建議★

電子郵件或簡訊都是同樣可派上用場的策略。回郵件或訊息給對方，複述你所理解的要點，肯定你從其建議中看到的好處，提出困難，詢問解決辦法。

時間夠的話，告訴對方你需要時間想一想，然後再點出問題。讀起來也許像：「大衛，我知道你想……，我的確喜歡這個點子，也能看出它的好處。給我時間讓我好好想想。我明早回覆你。」表明你需要時間考慮其建議，而非當下封殺或提出質疑，是你尊重對方的參與及意見的明確指示。

重點整理

- 不值得總是為了追求效率而犧牲關係。最終，往往是關係至上，不然它也是達成目標的重要關鍵。
- 即便當下你不見得贊成那些想法或意見，但如果能花點時間，你可能會發現其中的一些優點。
- 也許你能看出對方沒能發現的困難，對方卻也可能有著你沒想到的辦法。無論如何都值得一問！

• 說到預防衝突，記住，每個人都需要知道自己是重要的。盡可能經常讓他人感到有被聽見、被理解並獲得重視。

• 如果你重視這段關係，但當下沒時間考慮其意見，那麼就給出明確的時間。你可以說：「我真的很想討論這個意見，但今天我實在太忙。我們能不能週五約個時間？下午三點如何？」

9

當對話緊張時
可保持冷靜的工具

雅各和卡蜜兒交往了兩年。如同所有情侶一樣，他們碰到過各種問題，但都能夠迎刃而解。不過有個問題卻反覆出現，那是關乎雅各的工作——或者說沒有工作。

卡蜜兒在當地一間會計師事務所擔任人資經理超過五年，雅各則是做過各種奇奇怪怪的工作，從沒有固定收入。實際上，他仍夢想當一名巡迴樂手。起初卡蜜兒覺得那很刺激有趣，但隨著兩人成家在即，他那曾經燦爛的希望開始令人惱怒和失望。

同居不久，卡蜜兒日益強硬地要求雅各提出計畫。他對他們以後要扶養小孩有什麼想法？也許他還相信自己的音樂夢，但她已經不信了。她的言詞益發嚴厲。最近一次激烈的爭執後，她說：「你該長大當個男人了。」

一碰到她這樣，雅各就關機。他閉口不言，精神恍惚，無法應付卡蜜兒的尖銳。想當然，他的沉默只是更加激怒了她。他似乎沒在聽或不願講，於是她就更大聲、更咄咄逼人，而他也就愈加退縮，如此循環不已。

當對話開始升溫、愈來愈激動時，雅各或卡蜜兒都無法保持冷靜，而是掉入打或逃的模式。卡蜜兒怒火沖天、盛氣凌人（打），雅各則變得冰冷遙遠（逃）。不用說，他們兩人都很情緒化，只是以不同的方式展現。就像我在第六章所說的，這兩種溝通風格的人似乎總會找到彼此。

你可能也經歷過：在對話中升起防禦心，想尖叫爆發或封閉逃遁。這兩條路都不會通向和平，只會導向更大的衝突與怨恨。所以當對話開始升溫，你務必要盡可能地保持冷靜。

接下來，你會看到當你的情緒被觸發，仍能讓你保持平靜的工具。

了解自己的觸發點

在激烈交鋒時想保持平靜，認識自己的燃點（包括言語和主題）是關鍵。那是一種心態——情緒的準備，讓你在觸發點出現時能立刻察覺，並解除常隨之而來的打或逃反應。

觸發點通常以模式或主題現身。想進一步了解，請試試這個練習：

1. 從現在往回推，找出你人生中的引爆事件。盡力想出各種例子，並分別爲它們寫上標題（舉例：當我們度假時，珍說我自私）。

2. 接著，在每個標題下面寫出你的感受以及相關念頭（評斷、詮釋、假設）。在上述情境中，你可能會寫：「我很生氣。我爲她做了那麼多，她怎麼敢說我自私？那讓我覺得她沒有肯定我所做的一切。那讓我覺得自己很不值得。」

3. 再來，寫出你在每種情況中發現的關鍵字或主題。舉個例子，上述情境可能帶出以下字彙和主題：自私，價值，値得，生氣。

4. 把你列出的各種情境做過上述練習後，看你是否能從這些主題中找出模式或各種狀況裡的關鍵字。例如，你可能發現每當有人說你自私或者似乎抹殺了你的貢獻，就會觸發你的壓力反應。找出來之後，你將能在被觸發的當下有所準備，而這是談話中自我調節情緒的第一步。

自我承諾

若做得對的話，這項工具可說是簡單又有效。爲自己設下沒得商量、無可改變的承諾，一道你絕對不會逾越的界線。

舉個例子，一旦你開始想防衛時就會不自覺地大聲講話，那麼你的承諾可以是「跟人說話時，我絕不提高聲量」。那代表每當你想爆發或掛斷某人的電話時，就得克服那股衝動。

使出渾身所有的情緒能量來避免發作或自閉，並且每當你面臨艱難的對話時，先在心態上做好準備。

把行爲與意義分開

當你處於防衛狀態時還能保持冷靜，緩和情勢的機會就很大。現在，準備把對方指涉的行爲與他們賦予其上的意義分開來。很可能讓你光火的不是對方指出的行爲，而是他們對此行爲的解釋。該行爲也許是事實（例如，午餐時你確實打斷了他們），但他們賦予的解釋卻是虛構的（例如，他們認爲你蔑視他們的意見，而實情是你得趕赴一個會議，因而不得不盡速讓對話收場）。

如果你能把行爲與意義分開，就能專注在你其實贊同的點，並且糾正對方假設出來的腳本。體認到那故事並非事實，是一項了不起的認知技巧，能讓你保持冷靜，防止對話竄成衝突（更多的參考，詳見第十章）。

暫停

假如你覺得火氣上升，當下恐怕無法控制打或逃反應，那麼不妨喊停。記得讓對方知道你打算何時回應，以免他們以為你漠視或封殺了這場談話。

與其繼續對話到失去控制，讓自己有呼吸和冷靜的空間更能預防衝突發生。

重點整理

• 呼吸練習。一項生理回饋及正念覺察者常用的呼吸法是數2－2－4－2。做法是：吸氣時默數2下，吸到頂時停2下，吐氣時默數4下（慢慢呼氣），吐到底時停2下。不斷重複此呼吸節奏，直到你平靜下來，可以回到談話。

- 當你的情緒起伏波動，你的神經系統會掀起一陣陣神經生物機制，使你難以與人有效對談。有時光是體認到這點並加以指認（例如：「哇，此刻我的反應真是激動啊」），就足以讓你的意識從不自覺的感受中抽離。換言之，別陷在防禦狀態中，要設法留意並指認它，並把自己從這樣的狀態中抽離出來。
- 如果很難管控情緒，不妨為自己製作一些視覺上的提醒。舉個例子，我在我的個人電腦上方貼了和平打造者的三種心態標語：冷靜，好奇，關懷。如此一來，每當我處於艱難的對話，便時時可看到我理想的心理狀態。

什麼樣的訊息或心態對你有用？把它們寫下來，要儘量簡單，然後貼在你經常可見之處。

【第三部】

衝突出現時的化解策略

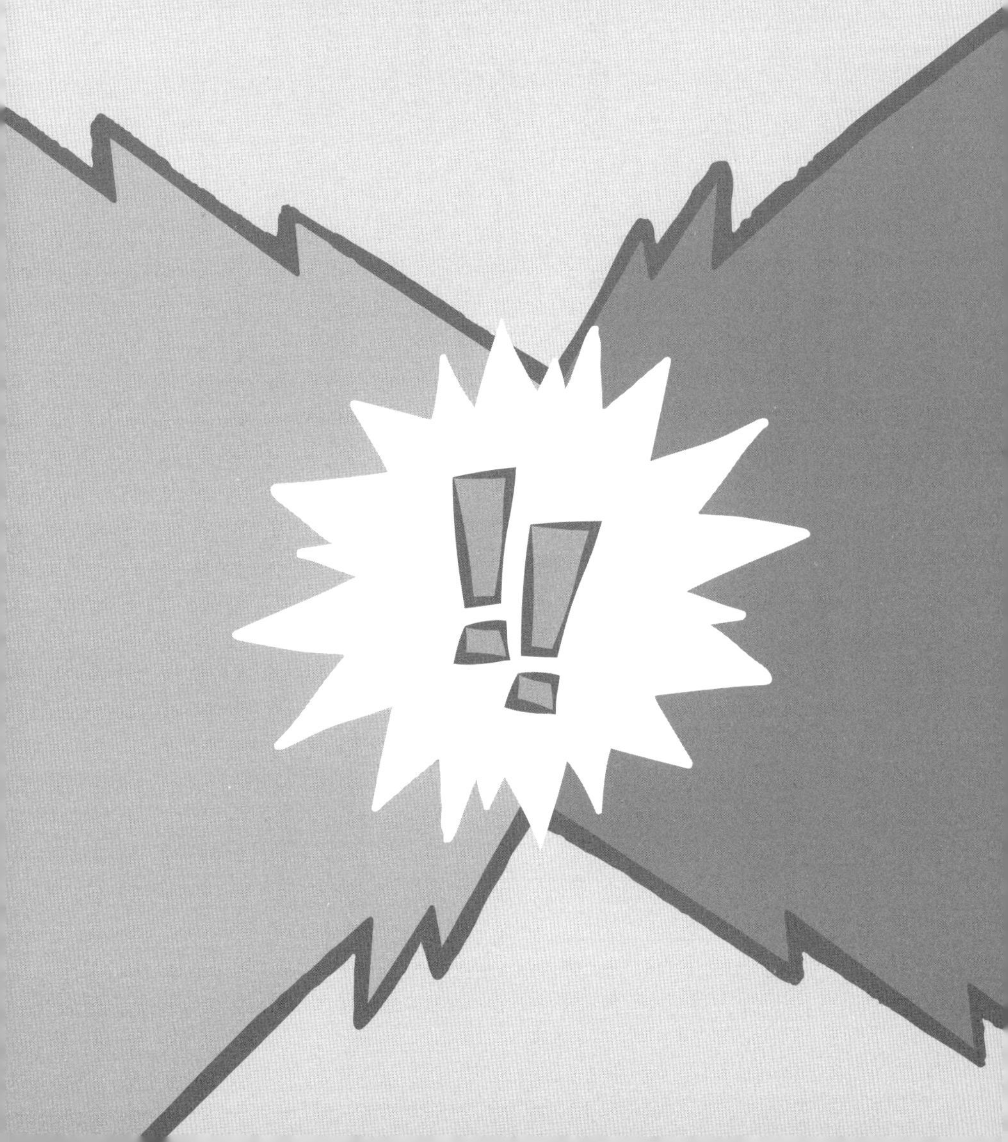

現在你已握有一些工具，可防堵衝突於未然。但如果衝突已起，你又該怎麼辦呢？

接下來幾章，我們將看到特定的衝突化解策略，包括技巧性地提供援助和打造有效的行動方案，以及將之落實到你的生活的扎實步驟。

10

把行為與解釋分開

「你眞是有夠無禮！」安娜對她的朋友暨生意夥伴惠妮說，她們剛與一位重要廠商開完電話會議，其間惠妮不只一次打斷安娜說話。「你是覺得我笨還是怎樣？」

「不是那樣的，安娜，你冷靜下來可以嗎？」

在安娜聽來，惠妮的問句像是道命令。

「我才不要冷靜！」她說：「你讓我顯得跟個白痴一樣！你總是這樣！你知道嗎？算了。你想負責這個廠商，那你自己去處理吧。我要回家了。」

在車上，安娜的淚水近乎決堤。她深感憤怒及挫敗。她們兩人雖是平等的夥伴，但惠妮卻總愛插話，此舉讓客戶和廠商都以爲是她在當家。也許安娜當初太天眞了，以爲兩人的友情扛得住合夥的壓力。

惠妮的舉止惹人不快，但是安娜不僅覺得那有點討厭，更認爲那是不尊重自己。她認爲那意味著惠妮不相信她的才智和能力，當自己是老大。結果就是，安娜覺得惠妮很無禮，並將夥伴的舉止捆入自我懷疑的不安之網。

實際上，惠妮根本沒那種意思。她向來有個壞習慣：一出現她認爲値得去做的念頭，就會馬上搶話，根本不管對方是誰。其實她在社交場合也是這樣，只是那是在工作以外，所以安娜從不介意。假如安娜能看透人心，就會知道惠妮對她是何等尊崇，甚至認爲許多方面都是由安娜主導。

正是因爲我們看不透人心，常搞不懂別人爲何會那樣，於是我們根據過去的經驗、根據我們可能那麼做的道理，來推測他人的企圖和想法，心理學家稱此現象爲「心智理論」。

大多時候，這種假設是對的，否則人類的社交生活便無由發生。話雖如此，當我們發現自己與人陷入衝突，起因多半是我們誤解了某些行爲。所以，我們一定要能把困擾我們的行爲，從我們賦予其上的意義及假設中分開，探究對方行爲底下的眞正意涵。

以下兩個練習，可讓你找出化解上述衝突的途徑。第一個是給被激怒的人，第二個是給其行徑惹人不滿的人。

被激怒者的練習

1. 把行為與解釋分開

從填滿這個簡單的句子開始：

當〔填入對方名字〕〔填入不帶批判的某種舉止〕，我將它視爲〔填入意圖與假設〕。

該舉止要明確客觀，不帶情緒、批判或控訴（「當你幫我點餐……」相較於「當你對我什麼都要管……」）。

以上例來說，安娜的句子可能讀來如此：「當惠妮插話或打斷我時，我視之爲她不重視我的意見，以爲自己是老大。」

2. 試圖釐清

現在我們可以問對方眞正的想法。適當的話，不妨用「我」陳述句附帶說明那對我們產生的情緒效應，好讓對方能理解我們如何詮釋及感受其行爲。試試這樣說：

〔填入對方名字〕，當你〔填入不帶批判的某種舉止〕，我視之爲〔填入意圖與假設〕，於是我感到〔填入感受〕。你眞的認爲

〔填入意圖與假設〕嗎？

安娜的情況可能像這樣：「惠妮，當你在別人面前插嘴或打斷我的話，我視之爲你不重視我的意見，把自己當老大，於是我感到沮喪和難堪。你眞的認爲我們是有同等價值的平等夥伴嗎？」

3. 要求展現新行為

在聽到你的詮釋與感受之後，但願對方會盡其所能重新闡明其想法，對你做出保證。

有時，光是聽到他們眞正的意圖，便足以消弭其行徑帶來的打擊。其他時候，你可能得要求他們改變其行徑。此時，要清楚說明你希望看見的是什麼。試試這樣說：

好，謝謝你的澄清，我覺得好多了。以後，你願意〔填入特定行爲〕嗎？

安娜的例子可能像：「好，惠妮，謝謝你的澄清，我覺得好多了。以後，你願意在別人面前讓我把話講完，即使你腦中蹦出了其他想法嗎？」

惹毛他人者的練習

1. 問清楚行為

惠妮可以問：「安娜，你可以告訴我，我哪裡讓你生氣了？」

此時，安娜可以說：「當你插嘴打斷我講話，那眞的很讓我抓狂。」

2. 承認此舉，問清詮釋

惠妮可以說：「好，所以我插話會讓你受不了。我道歉。沒錯，我是有這種壞習慣。你可不可以告訴我，當我那樣做的時候，你是怎麼想的？我只是想弄明白。」

此時，安娜可以說：「喔，那顯得你不在乎我的意見，還自以爲是老大。」

3. 複述一遍，重新說明，再三保證

惠妮可以說：「好，當我打斷你講話時，顯得我不在乎你的想法，還自以爲是老大。我可以理解。我實在沒有那種意思，但我知道自己得做出改變。請你相信我，我很重視你的想法也很尊敬你，我不懂把你當作夥伴，在許多方面更認爲你比我更懂也更有經驗。我是眞心這麼覺得。」

4. 提議展現新行為

惠妮可以說：「我絕對會盡力改掉這個毛病。這可能不容易，所以如果你發

現我又插嘴，可不可以給我一個信號或者讓我知道？」

重點整理

- 人際間大多數的爭議都來自誤解。心智自會詮釋行為，這是天性。有時我們會遭到自己的假設、評斷、詮釋所愚弄。
- 當你發現身陷衝突當中，務必釐清任何可能的誤解，好能處理事實，而非看來的表面。釐清對方意圖可修補誤解，為對話與改變開啟大門。

• 如果對方在澄清意圖時，揭露了一個出乎你意料的動機，花點時間消化。你可以感謝他們的坦誠，並要求給你一點時間（或更久）加以思考，以便能妥善回應。

11

支持的時機與方法

下了班，小蓮疲倦沮喪至極。老闆交給她一份莫名其妙的差事，她冷靜地提出問題，老闆卻訓斥了她一頓，還說她態度很差，叫她「不想幹就別幹」（有可能是指她的工作）。她熱愛這份工作，但如果連做事方法都沒資格講話，這種公司還值得待嗎？

回家路上，小蓮打電話跟媽媽吐苦水。一如往常，媽媽立刻曉以大義：「我說親愛的，你知道你該留在之前那家公司的。或許你該回去找他們……」

「媽！我不可能回去！我接下這份工作是因為——」她住了嘴。「你知道嗎，根本不重要了。我只是太累了。」

「我只是說，」她母親繼續下去：「外頭有別家公司會很想要你。也許你該跟迪恩談談，他的公司很大。」

小蓮知道媽媽是想幫忙，但此刻她卻比之前還要沮喪。「也許吧。媽，我得走了。」

「什麼意思？」她媽媽問：「我們才剛開始聊呢。」

「我說我得走了！」小蓮高喊著並掛上電話。

在職場上，她想給意見，結果被封殺。而當她企圖從母親那裡獲得支持，也同樣被封殺。

有時，聽到衝突的一方會因爲說者的難過而感到不自在。他們也許試著輕描淡寫，也許整個躲開。小蓮的母親沒有給小蓮發洩的空間，而是立即給出辦法。她怕女兒的苦水讓自己覺得無能爲力，於是急著提出建議好覺得自己有幫上忙。

母親雖是一番好意，回應的方式卻沒顧及到小蓮眞正的感受與核心需求，恐怕反而弄巧成拙。說到底，適時適當地提供支持，對解決雙方衝突並防止更多衝突發生是十分關鍵的。

如果我必須把人際衝突化解硬分成兩個部分，那麼我會分成關心部分與解決部分。衝突化解要能夠成功且長久，沒有前者幾乎就不會有後者。幾乎所有的人際衝突裡，人們都必須先感受到自己有被聽見、被尊重、被關懷，才能開始解決問題。〔麥可．索倫森（Michael Sorensen）的《傾聽的力量》（*I Hear You*）是這方面的佳作。〕

溝通的障礙

想知道在衝突中給予支持的方法與時機，不妨先看看湯瑪斯．高登（Thomas

Gordon）的《溝通十二道路障》（*12 Roadblocks to Communication*）。

下面這些「路障」之所以會成為路障，很多是因為你沒能傾聽並關懷對方。實際上，它們可能很有幫助，但前提必須是對方感到自己有被聽到，願意轉進解決模式，並且能打開心胸接受建議。

先看看自己是否常祭出以下某些招式，但沒先讓對方覺得你有傾聽。

1. 命令、指導或指揮。「你一定要展開行動！」
2. 警告或威脅。「你要是不喜歡，儘管離開！」
3. 忠告、建議或提出辦法。「你有沒有想過……？」
4. 以邏輯、道理或辯詞遊說。「哪，研究指出……」

5. 說教或指點步驟。「你最該做的就是另找工作。」

6. 不贊同、評斷、批判或譴責。「情況就是，錯都在你自己。」

7. 同意、贊成或稱許。「你完全對。」

8. 羞辱、嘲笑或貼標籤。「你眞該感到羞恥。」

9. 詮釋或分析。「我敢說眞相是……」

10. 過度質疑或問個不停。「你爲什麼會感覺那樣呢？」

11. 再度保證、賦予同情或安慰。「我相信絕對會沒事的。」

12. 抽離、岔開、說笑或改變話題。「你以爲你的狀況很糟！聽聽這個吧……」

當你看到自己常反射性地擺出某些路障，請努力避免，然後試著遵照以下指南，找出解決的辦法。

給予支持，而非建議

除非對方明確地請你提供建議，否則別給。

我們常把提供建議和支持混爲一談，實際上兩者不見得一樣。支持有許多樣態，但首先、也是最重要的，就是全心傾聽。光傾聽而不給意見、肯定、質疑或祭出前述任一種路障，也許會讓人覺得手足無措。然而，就這麼讓自己不安地陪伴對方處於痛苦中，別急著找出路，卻是解決衝突的重要關鍵（參見第52頁「技巧三：被動聆聽」）。

等對方暢所欲言完之後，你可以這麼說（但別太快說）：「有什麼我可以幫得上忙或是提供支持的地方嗎？」或者：「你需要任何意見、剖析或指點嗎？如果不要也沒關係。」

有時，人就只是需要被用心聆聽而已。

當對方不停抱怨

當你發覺有人不斷重複述說某事，卻始終不設法去解決，不妨從在衝突中提供支持，跨越到在埋怨中賦予能量。

要小心區分這兩者，別將對方的渴求關懷視爲抱怨。唯有當對方不斷念叨，卻從不加以處理，那才叫做抱怨。如果這個人跟你很親，你可能有必要明確告知其行爲模式已經影響到你了。不難想見，他們聽到你這麼說可能會不太開心，此時可參考第十章與第十三章。

重點整理

- 遇到衝突時，別忘了對方的核心需求。每個人都需要被聽見、被尊重及得到關懷，才有空間正視問題並努力解決。
- 有時，只要聆聽與關心就能化解衝突。傾聽可能便足以讓對方平靜下來。
- 男性特別容易馬上提供辦法，而不是先聽對方講完，然後一起度過痛苦。而有時，人們要的只是被聆聽而已。如果我們急著解決、加以說明或提供建議，恐怕會顯得自以為是、不以為然、甚至冷酷無情。

- 對方若感到有被傾聽並得到關心，你可能會發現本章所提的某些路障頗為有用。舉個例子，若某人需要你的協助，也願意共同解決問題（參見第十四章），那麼只要運用得法，提供建議、贊同、稱許、質疑、肯定、說笑，其實都有幫助。

12

負起責任，掌握道歉的態度

事情發生在這一季的董事會，眞可說是最糟的時候。

凱莉正爲陸續抵達的董事們打點會議室。一切必須完美。她叫史蒂夫去把存有簡報內容的隨身碟拿來。史蒂夫是她比較資深的執行助理之一。

會議即將開始，凱莉準備播放影片，卻發現隨身碟拿錯了。事情就在此刻上演。凱莉臉色漲紅，握緊拳頭、收緊下巴，狠狠盯著史蒂夫。

「你是怎麼回事？」她在全體董事們面前咆哮：「不過叫你做一件事，你卻做不好！拿對隨身碟有那麼難嗎？趕快去找來！」接著，她轉向董事們，一臉愧色：「各位，很抱歉。只要一下下，會議馬上開始。」她望著地板搖頭，試圖冷靜下來但仍滿腔怒火。史蒂夫衝出會議室，感到自己被徹底羞辱。

第二天早上，幾乎整晚沒睡的史蒂夫踏入辦公室。他打算找凱莉談，並盡力希望能維持冷靜專業，免得被炒魷魚。

凱莉心知肚明，知道史蒂夫的來意。她對於自己在大家面前失態感到不妥，但那是因爲史蒂夫出錯在先。「有時候，」她心想，「人就是該罵。」

「凱莉，我能跟你談談嗎？」史蒂夫探頭進她的辦公室。她點點頭，示意他進來。

史蒂夫繼續說：「是關於昨天的事。我很抱歉我拿錯了隨身碟，但我實在不能接受自己在全體董事面前被吼叫及羞辱。我覺得事情能有完全不同的做法。」

凱莉心生防禦，但仍嘗試維持平靜。「嗯，史蒂夫，很遺憾你那麼覺得，」她冷淡地說：「也許下次開會前，我們需要更有系統的把東西備好。」

這完全沒讓史蒂夫覺得好過一點。「是，但撇開那點，你爲什麼要在大家面前吼我？」

「嗯，事情就是發生了，」此時凱莉緊繃又慚愧，不知該認錯還是掩蓋一切。「我們就往前走，好嗎？」她問：「我手邊還有一大堆事。下次我會確保每件事都準備妥當，不再讓這種事情發生。」

深感挫折的史蒂夫起身離去。

凱莉心底知道自己的應對不妥，但任何一絲這種感覺都會激起她的打或逃反應，而結果就是她無法承擔錯誤。

就這個例子來說，一聲道歉，會是跟下屬和解最重要的第一件事。沒這麼做，史蒂夫可能會心生不滿，彼此齊心合作的可能將日益困難。

道歉的該與不該

一個道歉，便足以消弭及（或）化解衝突。但要能產生效果，必須要因地制宜。衝突中如何道歉，請參考下列種種的應該與不該。

- **該**承認自己的行爲，加以道歉。換言之，當你道歉，你便是同意自己做了那件事。舉例來說：「史蒂夫，你說的對，我在大家面前吼了你。對此，我很抱歉。」
- **不該**同意對方對你行爲的解讀，認爲那代表你私下的想法或感受——除非他們的解讀沒錯。

- **該**在你自覺應致歉的當下馬上道歉。
- **不該**拖延道歉或期待問題會自行消失，因爲衝突若不及時處理，只會變本加厲。這個道理似乎顯而易見，但我卻不能告訴你，有多少衝突是因爲某人鼓不起勇氣道歉而無法解決。
- **該**坦然承認，如果是對方對或者是你錯了。當你明白是自己搞砸了或者對方是對的，那麼直接承認就能降低對方的防衛。例如：「史蒂夫，你完全對。我不該那樣做。我爲此道歉。」
- **不該**以道歉作爲操弄手法。道歉必須發自眞心。
- **該**爲自己的行爲道歉，非關對方。
- **不該**爲對方的感受或解讀致歉，像是說「很遺憾你那樣覺得」或「很遺憾你那麼想」。爲別人的情緒致歉，無異於蔑視對方的感受，並且不承擔自己的行爲。那就好像在說：「我的作爲沒什麼不妥，是你的感受有問題，所以我很抱歉你那樣覺得。太遺憾了。」這只會讓情況更加惡化。

有效的致歉步驟

下次碰到衝突要致歉時，試著記住以下步驟，你甚至可以先寫下來。

1. 平靜傾聽。可以是反映式聆聽（參見第49頁）或被動聆聽（參見第52頁），視情況而定。
2. 承認行爲，加以道歉。

3. 承認你的行為對對方及（或）情況造成的效應。

4. 如果你犯了錯，承認你原本該怎麼做。

5. 承認你當時那樣做的原因並負起責任。那不是對方的錯。（假如你並沒有犯錯，但知道自己的行為造成了痛苦和糾紛，你可以在這個步驟道歉，而不是在第二步驟道歉。）

6. 立下計畫，改變此後的行為。你也可以請對方建議你如何修正舉止，尤其當你不是很確定自己哪裡做得不對時。

凱莉的道歉可以是這樣：「史蒂夫，你說的對，我在大家面前吼了你。對此，我很抱歉。我知道那一定讓你很難堪，我現在理解了。當時我應該把你拉到一旁，輕聲請你去拿對的隨身碟。我想我那時羞愧到喪失了理智，我知道那不能怪你，你有權犯錯。以後我不會再對你大小聲，尤其是在別人面前。」

如果對方不接受你的道歉，你可以再想想自己道歉的理由。如果你覺得你已經很誠心地道了歉也承擔了錯誤，對方卻仍不接受，那麼顯然他們心裡還有氣。也許是他們不相信你，又或者是他們過往曾受到背叛，而那就不是你該負責療癒的事了。

重點整理

- 道歉需要勇氣與謙卑。如果你想化解衝突，這些都是要素。
- 道歉務必要當面或是透過電話，儘管這很難。
- 在某些情況下，道歉顯得特別難。例如當你像凱莉一樣身為老闆或主管，你可能會覺得道歉有如默認自己做錯了，甚至會有法律上的疑慮。然而當你能承擔錯誤，為部屬、孩子、朋友或任何人以身作則，你的典範將有助於打造相互尊重而謙遜的環境。
- 道歉能滿足對方在關懷、自我認同、安全感上的核心需求，有時也包括獨立。這讓他們知道你聽見了他們的心聲，了解他們的痛楚，並且願意承擔你的行為。道歉也讓對方知道，當他們表達自我時，是可以成就改變的。

13

練習坦率果敢的面對衝突

湯姆、杭特兩兄弟一路走來總是彼此相挺，從湯姆面對離婚、杭特對抗酗酒、湯姆的孩子出世，到杭特大筆收購股權皆是。五十多歲的杭特已有提前退休的本錢，但他決定用這筆錢投資喜歡的一個案子。

湯姆這陣子沒什麼作爲。他自稱過得開心，生活平靜。但每隔幾個月，他就會因這個那個的原因而來找杭特哭訴，結論總是一樣：他要借點錢。杭特知道這個「借」是什麼意思，那就是他再也不會看到那些錢了。但杭特對老哥是心懷感激的，因爲沒人理他的那段時間，老哥永遠都在他身邊。

本來也沒事，但湯姆逐日對杭特的錢財和地位酸言酸語。或許這種被動攻擊是源自湯姆的愧疚或嫉妒，但杭特對此再難忍受了。他開始躲避哥哥，電話不接，簡訊不讀。隨著時間過去，湯姆的怨氣愈來愈深，開始在偶爾的家庭聚會中出言不遜。

兩兄弟都避談此事，一方面是不知如何開啓話題，另一方面也怕場面難以收拾。這股悶燒的衝突要麼引爆開來，不然就是彼此漸行漸遠，這對一直相挺的兩人無疑是個悲劇。

與其放任情勢加劇，這對兄弟應該要學著冷靜並尊重地對談。也就是說，他們或可學著坦率面對問題和衝突。

人們常會把心事藏著不說，因爲他們認爲說出來會顯得盛氣凌人，並且讓情況變得更糟。遺憾的是，逃避與攻擊常被當作唯二的選項：你要不當個混蛋，要不就什麼都別說。事實上還有第三個選擇：穿越其中的道路。衝突與溝通專家常稱之爲「坦率果敢」，意指平靜並尊重地說出眞相與設定界線，以深化彼此關係，而非任其崩壞。

逃避—攻擊光譜

逃避—攻擊光譜中有五種主要的溝通風格。你能辨識出自己最常出現的模式嗎？

逃避

人們之所以常選擇逃避，是因爲害怕對抗，所以寧可背過臉去，不看目前的狀況。這種風格常使關係流於表面，使得彼此漸行漸遠。

被動

這比逃避稍微積極一點。被動的人通常也害怕對抗，怕別人不喜歡他們。相較於逃避或漠視眼前狀況，他們就是順其自然，往往吞下自己的需求或想望，成爲討好型的人。由於他們不爲自己爭取，這種風格常導致低自尊和怨恨。

攻擊

人會展現出攻擊，是因爲不懂得如何有效處理情緒或表達需求。他們覺得被觸發或者內心受到威脅，於是便猛烈攻擊。這是企圖掌控情勢或他人的一種方式，同時也不在乎別人的核心需求，例如獨立。攻擊常導致社交孤立和憂鬱，因爲別人會逐漸與他們保持距離。

被動攻擊

當人們的情緒波動，但因爲害怕對抗，又不知該怎麼有效表達需求，往往就展現爲被動攻擊。被動攻擊的溝通常導致低自尊與社交孤立（更多被動攻擊的資訊，參見第十八章）。

坦率果敢

坦率果敢是關懷自己，也關懷他人。守住立場，也支持並考量他人的需求。坦率表達，直面他人，並不是自私。相反地，逃避或攻擊才是自私，因爲你只顧自己的感受或試圖掌控，卻完全不管會對別人造成什麼影響。如果對方經由你清楚且尊重的表達而了解你真正的想法，很可能會非常感激，進而做出改變，以能跟你建立更好的關係。

如何實踐坦率果敢

在衝突中要坦率果敢，不妨以下列步驟來思考或行動。

正面展開

一開始，正面肯定對方，並陳述解決問題的重要性。例如杭特可以說：「湯姆，你知道不管怎樣我都愛你。當你需要時，我絕對都在你身邊，所以我想跟你談談。」

描述你的困擾

儘量用「我」陳述句來訴說你的感受、擔憂和解讀，而不是對對方的指控及批判。如果非得講到對方，也只能針對他們的行爲。如果得談到他們的語氣，就用解釋性（例如「你似乎」）而非確定性的語言（例如「你是」）。例如杭特可以說：「近來我對我們之間的溝通感到疑慮。我留意到你出現愈來愈多似乎帶著刺或侮辱性的言詞。」

詢問與正視

詢問對方有何感受，發出談話邀請，繼而肯定對方的感受。例如杭特可以說：「你是在生我的氣嗎？」然後說：「好，謝謝你告訴我這些。我聽到了。」

設定新的界線

以尊重的態度，畫下新的界線。一開始可能會不太自在，但對方需要明白對你該有什麼期待。例如杭特可以說：「以後在你面前談到生意和錢時，我一定會更注意。我也要請你別再說我自以爲了不起或只想賺錢。如果我聽到那樣的話，就會當場指出來。可以嗎？」

共同解決問題

問對方聽到你的需求後，他們是否也有任何需求。如果有，你可提出解決辦法，或是問他們是否願意一起想出方案。例如杭特可以說：「你需要我做什麼嗎？你願意共度更多美好時光嗎？也許每週一起吃一次晚餐之類的？」

★作者建議★

如果你非得用簡訊或電子郵件來談事情，應儘量使用軟性而非確定性的語言，並提問邀請對方發言或回應。如果你們的關係或狀況適合的話，也不妨用表情符號來顯示語氣。

邀請對方發言的軟性語言可以包括這類句子：「我在想……，你覺得如何？」或是：「我會覺得……更好。你認為可行嗎？」

重點整理

- 在不同情境或面對不同對象時，你可能會有不同的溝通習慣。在某些情況下，你也許會逃避或是被動，而在別的情況中，你也許比較有侵略性或對抗性。試試看能否在各種情境下都保持坦率果敢，即便只有一天。
- 找出自己總是逃避、被動、被動攻擊或攻擊的情境。自問原因何在：坦率果敢有令人害怕之處嗎？平靜地直面他人呢？當你找出讓你不安的恐懼，問自己這些問題：我願意害怕嗎？這段關係是否值得一點不安？也許更重要的問題是：維持誠信是否值得害怕？

- 對抗某人看似會損及彼此的關係，而實際上，設定清楚界線，有禮地為自己發聲，才是解決衝突、改善關係、強化自尊最平坦的路徑。

14

並肩找出解決辦法

麥爾坎跟達瑞斯從大學起就很要好，這很不可思議，因爲他們實在有很大的不同——至少表面上看來是如此。麥爾坎一直品學兼優，不僅是畢業生代表，還直攻碩士；達瑞斯則差點沒念完大學，行事曆上塞滿了約會和派對。儘管旁人很難理解，但他們倆就是惺惺相惜，有難同當，有樂同享。

這幾年，達瑞斯的生意蒸蒸日上，員工超過百人，營業額達數千萬美元。如今兩人聯繫時，話題常圍繞著達瑞斯耕耘的豐碩成果：他打算買的新車，下一個度假島嶼，諸如此類。

這些談話讓擔任高中英文教師的麥爾坎覺得自己已不太認識這個老友，而且坦白說也讓他有點嫉妒。有一次他甚至氣得摔電話。儘管他思念老友，但他不確定這段情誼是否還有意義。

實際上，達瑞斯是過度補償以往的不安全感，並企圖向他眼中一直很優秀傑出的朋友證明，自己終於有所成就。在此同時，麥爾坎則開始質疑自己的職涯，下意識地將這些不確定感與不安全感歸咎於老友的成就。

達瑞斯與麥爾坎都需要相信他們關心著彼此，並且尊重對方的人生選擇，不會有意無意地羞辱對方所做的任何決定。與其嘗試「修正」達瑞斯，麥爾坎或許該邀他討論眼前的問題，包括他所看到的、那對他的影響，以及他可以做些什麼。這樣，兩人就能並肩找出彼此同意的解決辦法，而非企圖「解決」對方。

把問題當作第三方

碰到衝突時，我們常把對方當作問題，而非解決途徑。讓我們看看能否重新架構這種動態。下面這個練習，你要試著把問題當作第三方，讓你有機會邀請對方一起設法解決。

首先，努力完成這些句子。下面的例子是站在麥爾坎的立場。

行爲：我不信賴或不喜歡的事情是……

例子：他談他賺了多少錢。

類型：定義這件事的類型會是……

例子：聊天話題。

感受：這件事讓我覺得……

例子：嫉妒和不安全感。

影響：那感受讓我想要……

例子：不再跟他講話。

解決辦法：如果跟對方合力解決此事，我會要求他們……〔愈明確愈好〕

例子：別一直談他的公司、他要買什麼東西，可以多聊聊彼此的家庭及我的生活。

邀請對方一起解決問題

現在你已確認了「事件」爲何，接下來我們就邀請對方一起並肩合作，不把對方視爲問題，而是一起面對有如第三方的問題。整個談話可不斷強調這點。至於你的感受則可以不用提起，除非這段關係交情匪淺，你覺得可以觸及。

〔名字〕，你願意跟我共同解決一點問題嗎？最近我一直被〔填入類型〕困擾。問題不在你，純粹是我在留意到〔填入行爲〕時的解讀。當我看到／聽到那些，我感到〔填入感受〕。你有察覺自己〔填入行爲〕嗎？你覺得你能不能〔填入解決辦法〕？還是你有其他想法，覺得我能怎樣來處理這個狀況？

麥爾坎的邀約可以像這樣：「達瑞斯，你願意跟我共同解決一點問題嗎？最近我一直被我們的談話主題困擾。問題不在你，純粹是我在聽你談你的公司和你賺了多少錢時的解讀。當我聽到那些話，老實說我有不安全感。你有這樣的自覺嗎？〔傾聽〕你覺得你能不能少談點公司，多聊點其他事情？還是你有其他想法，覺得我能怎樣來處理這個狀況？」

重點不在如法炮製這整個流程。然而當你能找出重點（行爲、類型、感受、影響和解決辦法），就比較清楚造成衝突的因素，進而知道如何解決。

重點整理

- 碰到衝突時，很容易把對方當作問題。但如果你能把問題看成是關係以外的獨立存在，就可為對方創造與你協力解決的空間。
- 一般而言，當你把衝突視為合作的契機，這種夥伴關係或「團隊心理」便會激發動能與同盟氛圍，這是化解衝突的重要關鍵。
- 要直面某人、邀他們一起解決問題，是需要勇氣的。避開他們或問題，相對簡單得多。所以自問一下：這段關係或目標是否值得你勇敢追求？

- 偶爾，你會碰到幾乎本身就是問題的人。儘量提醒自己，他們可能深陷痛苦、不安、恐懼當中，無法有不同的溝通模式。而儘管我們能賦予同情，卻也不是能與任何人都可並肩化解衝突的。

15

創意的解決之道

潔西與傑克結婚近十年，兒子六歲，女兒四歲。潔西的父母史丹利夫婦，每年耶誕假期都會招待女兒全家到他們在懷俄明州傑克森霍爾的分時度假屋共度一週。傑克的父母艾倫森夫婦，習慣與家人共同慶祝光明節第一晚，以承襲傳統。兩方親家向來都處得不錯，有些年還一起歡慶光明節首夜。

這一年卻出現了窘境。史丹利夫妻的度假屋，今年分配到的一週始於光明節首夜之前。他們期望小倆口全家一如往常來到傑克森霍爾，但那樣將使女婿一家完全錯過光明節，也破壞了艾倫森家的傳統。

兩方親家起先都不擔心，這是小事一件，反正對方親家應該會做出調整。當然，這種假設並沒有發生。隨著節日迫近，敵意開始滋生。不難想見，小倆口兩邊不是人。

「光明節不是有八天嗎？」潔西的母親問她：「他們就不能早幾天開始慶祝嗎？那又不像耶誕節，一年就那麼一天，而且度假屋一年也就分到那麼一個禮拜。他們實在太可笑了。」

「他們非得在那週邀你們去嗎？」傑克的媽媽問他：「他們這次就不能只待個五天，好讓我們能照舊共度光明節的第一晚？他們眞是自私。」

眼看兩邊都不願退讓，小倆口受夠了，心想乾脆帶兩個孩子到別處度假，並告訴雙方父母明年再恢復傳統。

兩方親家都有著關懷與認同的需求，並且化爲與家人共度佳節和傳統的渴望。他們也需要相信親家有尊重這些需求。但眼見衝突成形卻不肯通融的情況下，雙方都對另一方做出批判，錯失了找出聰明解答的時機。

如果他們能保持彈性，專注於各方的需求和利益，或許就有機會找出意想不到且彼此都認同的解決辦法。

當一邊知道另一邊體諒並尊重自己的需求時，就能進入解決模式。解決辦法也許一開始模糊不清，但當大家不再執著於表面的立場與願望時，各種可能性就豁然開朗了。我們且來試想這個案例的各種解方。

澄清需求和利益

問：各方到底想要什麼？

史丹利夫婦想要帶著孩子與孫兒女一起去分時度假屋。

艾倫森夫婦想要跟孩子與孫兒女共度光明節第一晚。

問：他們爲什麼想要那樣？

雙方都想跟家人共度佳節與慶祝傳統。

問：那滿足了什麼核心需求？

關懷（與家人的連結）與認同（尊重傳統）。

我們來看看能否想出可滿足這些需求與利益的點子。

腦力激盪五步驟

願意腦力激盪，是表達關懷的跡象，那顯示出你有心要化解衝突，並樂於考慮能滿足眾人需求的主意。

1. 發想階段

在發想階段，先寫下所有的想法，要不帶批判，聽起來再荒謬都沒關係。發揮創意，傾聽每個意見，記下所有的點子。記住，不要加以評斷。

史丹利和艾倫森兩家的發想階段也許能包括這些：

- 艾倫森家今年可在光明節第一晚的前兩天或最後一晚過後幾天來慶祝。
- 史丹利夫婦可邀艾倫森夫婦一起到傑克森霍爾。
- 艾倫森夫婦可透過視訊（如 Zoom 或 Skype）與在分時度假屋的孩子及孫兒女一起慶祝。
- 史丹利家的度假時間縮短爲五天。

2. 評估階段

在評估階段，可個別端詳所有的意見。若一方覺得某個點子可行但另一方不這麼認爲，則可加以討論。這是用上反映式聆聽（參見第49頁）的絕佳時機。反對的一方覺得有什麼阻礙呢？若眞的過於困難或實在不可行，就刪除這個想法。最終只留下各方多少能接受的主意。

史丹利和艾倫森兩家的評估階段也許會產生這些點子：

- 史丹利夫婦邀請艾倫森夫婦一起到傑克森霍爾。
- 史丹利夫婦要求分時度假屋的其他使用者更動時程，好讓他們今年能晚兩天入住。
- 兩家一起到一個全新的地點共度佳節。

3. 調整階段

在此調整階段，討論所有尚存的點子，並視情況加以調整。根據各方背後的利益和需求來修正每個意見，讓它可被各方接受，即便可能很勉強。各個意見如果被選爲最後辦法，要怎麼執行呢？

史丹利和艾倫森兩家的調整階段或許看來像這樣：

A. 史丹利夫婦邀艾倫森夫婦一起到傑克森霍爾。艾倫森夫婦在那附近另外租屋，因爲那棟分時度假屋容納不下這麼多人。

B. 史丹利夫婦要求分時度假屋的其他使用者更動時程，好讓他們今年能晚兩天入住。假如最終他們只能選擇提前兩天去住，那麼艾倫森夫婦就改成與孩子及孫兒女慶祝光明節的最後一晚。

C. 兩家一起到某個全新的地點共度佳節。這個地點每晚雙人房價格不應超過美金兩百元，且距離各家也在合理範圍內。

4. 排序階段

在此階段，調整後的點子依喜好加以排序。雙方各自列出，然後加以比較，最占優勢的兩個點子則列入決選。

史丹利和艾倫森兩家的排序可能像這樣：

史丹利家的優先順序：A，C，B

艾倫森家的優先順序：B，A，C

5. 同意階段

在此階段，雙方同意選出最適合大家的辦法來執行。若雙方意見不合（例如一方的首選是另一方的末選），則可從中間選項做決定。

史丹利和艾倫森兩家的同意階段可能像這樣：

A是雙方共識的第一名。儘管那並非艾倫森夫婦的首選，但他們願意花錢與孩子及孫兒女共度光明節。此外，今年做點改變或許也不錯。如此一來，各方的需求都得到了滿足：兩對親家都能與孩子及孫兒女共度佳節，並於偏好的日子同慶傳統。

即便沒完全走完上述五個步驟，了解這個概念也有助於激發創意來化解衝突。只要記住要照顧到所有人背後的需求，敞開胸懷，力求激發能多少滿足各方的解決辦法。

重點整理

- 為衝突找出創意出路，要知道各方可能都不會得到原先想要的東西。目標在於滿足各方的需求。
- 進行腦力激盪，若有中立的輔助者或調解人會有幫助，這個角色能高度尊重雙方意見，在評估階段引導談話。就本章這個案例來說，潔西與傑克可以擔任調解人。

- 視衝突各方的關係而定，發想階段分開執行或許會更好。換言之，各方先各自寫下意見，然後再一起加以評估。
- 即便你沒得到原先想要的結果，如果能以彼此同意的辦法化解衝突，知道這段關係得以維繫、彼此也都得到了照顧，這樣是否讓你感到滿意？在找出可以認同的辦法之外，也享受了謙卑與慷慨的情懷。

16

擬定行動方案時可納入的四個問題

莫里斯是位出色的技術專員，能在一天之內安裝好整家公司的線路，解決系統上的任何問題。只是他的人緣並不是太好，至少跟他不熟的人很難欣賞他。

可蘿在兩年前聘僱莫里斯，最近則決定新進一名客戶支援角色，因爲她發現莫里斯欠缺與客戶應對的技巧。只要無法回答客戶的問題，他就開始緊張，一緊張就低聲咕噥或語帶譏嘲，態度讓人覺得他不夠專業。可蘿不確定莫里斯是否知道自己的言詞及語調給人的感受。

「莫里斯，」有天下午可蘿開口，示意這位員工坐下。「你是位明星級的技術人員。我以前跟你說過，你對公司非常有價值。」

「謝謝，可蘿。」莫里斯答。

「我知道你喜歡跟客戶談，並確定他們的系統運作良好，這很棒，」可蘿繼續說：「因爲那是你職責的一個重點。但我開始發現，當你回答不出來時常會含糊嘀咕或語帶嘲諷，這讓會議上的人頓時陷入沉默，不知道如何接話。當然，我了解你的個性，但對於不了解你的客戶，那可能會讓他們不知所措。你自己有這種感覺嗎？」

「老實說，我不知道我有嘀咕，」莫里斯說：「但我可以試著不要那樣。至於嘲諷，對，有時候我會，但我不覺得那有讓誰覺得不舒服。我絕對可以在客戶會議上停止使用這種語氣。」

「那好極了。」可蘿一邊說，一邊推開椅子，「謝了，莫里斯。」

可蘿很高興這場對談順利進行，沒遇上什麼反彈。她原本樂觀以待，沒想到在之後的客戶會議上，莫里斯依然故我。雖然可蘿相信莫里斯對自己的行爲可能不自知，但她卻不可避免地感到沮喪困惑，不確定該怎麼處理。

莫里斯和可蘿是有共識的，實際上，兩人之間應該也沒什麼衝突。衝突存在於可蘿身爲老闆的需求，以及莫里斯不自覺的溝通風格之間。兩人都很專業地面對回饋，但若沒有明確計畫，要改變很難，尤其是要塑造新的習慣。

你採取必要措施化解了某個衝突，你們甚至共同找出了解決辦法。問題是，衝突多半無法一次解決。要維持和平，防止未來衝突再起，你得擬定明確的行動方案。

以下是我代莫里斯與可蘿回答的四個問題。當你在制定行動方案時，不妨試著融入它們。

你想看到什麼樣的改變？

寫下目標行爲的改變與成果。務必要夠明確。你究竟想看到怎麼樣的修正？

- **目標行爲：** 莫里斯能放慢說話速度，別再含糊嘀咕。說話時要連貫與保持冷靜，也別再語帶譏諷。要維持專業、友善及誠懇。
- **目標成果：** 客戶比較滿意了，莫里斯也更有自覺和自信。

每個人要扮演什麼角色？

你要如何確保能有這些行爲改變，並達成期待的結果？換言之，過程中每個人該扮演什麼角色？

化解衝突往往需要雙方的投入。若只需一方改變行爲，那麼另一方的角色將是給予某種支持。

角色與目標應遵循SMART原則：要明確（Specific），可衡量（Measurable），可實現（Attainable），有關聯性（Realistic），有時間性（Timeframe）。

- **莫里斯的角色：**當莫里斯聽到他難以回答的問題時，別試著回答，應要求客戶給他一點合理的時間。
- **可蘿的角色：**發現莫里斯開始緊張了，可蘿就該介入對話，掌握局面。看到可蘿如此，莫里斯就該知道自己又在嘀咕或嘲諷，這時可馬上做個紀錄，此舉將能提升他的自覺。

如何得知目標是否達到與何時達到？

在衝突中想改變行為，一定要有可衡量的目標，並讓各方負起責任。有時候，衡量改變的方法最初並不明確，但如果我們想改變的是行為，而非態度或看法，那麼往往能要求對方對於做到或沒做到什麼負起責任，前提是需要調整的行為足夠客觀及明顯（亦即明眼人一看即知）。

以下是可蘿與莫里斯的目標與責任：

- 下個月開始，每次客戶會議結束後，可蘿將與莫里斯開會，檢討其中任何問題。客戶會議中若出現狀況，可蘿將檢視莫里斯做的紀錄，確保他有在鍛鍊自覺。

- 可蘿也將請新的客戶支援經理開始每月進行客戶意見回饋，以了解客戶滿意度是否有所提升。

成效不彰怎麼辦？

方法不管用，那就改！解決衝突的最初辦法不見得是最好的。化解衝突需要彈性，所以需要回饋與調整的機制，而這需要創意及合作。如果需要協助，你可以找第三方，像是可信賴的朋友或同事。要解決特定問題，三個臭皮匠常勝過一個諸葛亮，尤其當第三方置身衝突之外時。

以下是可蘿的回饋與調整：

- 可蘿發現莫里斯答不出問題時仍無法做出改變，於是他們決定另闢蹊徑。
- 此後他們將邀新進的客戶支援經理參加客戶會議。莫里斯只在提問時段發言，並且只在他知道答案的前提下說話，否則將保持沉默。他們將從下個月的客戶滿意度來檢視這項新計畫的進展。

★作者建議★

職場上，在做出行動方案後，需用電子郵件寄給所有相關人員，讓大家都有書面參考文件。寄出後，要求大家仔細審閱，並且要表示贊同或是點出他們發現的任何落差。

適當時，不妨也把此法用在個人與社交生活中。

重點整理

- 在個人或感情領域，衡量成果及訴諸責任並不像在職場上那麼一板一眼。儘管如此，想化解衝突、重建信任，界線與關係的認同必須獲得彼此的理解，不管是明言也好，或是靠默契也行。找第三方，像是伴侶諮商，有助於強化責任感。
- 你最要避免的就是惡化或另起衝突。當你與對方對行動方案無法達成共識，那麼或許就該中止計畫，自己思考如何解決，以及

（或）投入創意的解決問題步驟（參見第十五章）。

• 擬定行動方案不僅是化解衝突的實用途徑，也能有效改變人們對於解決辦法和整體未來的態度。據心理學家米克．庫柏（Mick Cooper）於二〇一八年發表的研究評論證實，一項有明確目標與達成步驟的方案，確實能提升人們對未來的正面期待。

【第四部】

應付典型且常見衝突的具體策略

好玩的來了（說得好像我們還沒碰過好玩的）。以下章節要探討在衝突的當下，我們都曾碰過的一般關係變化、互動及溝通風格。

若你曾因此被捲入海裡，不妨試著靠這些策略重回堅實的陸地上。

17

回饋的給出與接受

肯德拉和莫妮卡在一起三年，打算幾個月內步上紅毯。隨著大喜之日迫近，莫妮卡更緊盯婚禮細節，以確保一切到位。肯德拉很感激莫妮卡的嚴謹，因爲工作上一連串的危機讓她實在難以分身。

一個週六早上，肯德拉邊看報邊啜飲著咖啡，莫妮卡帶著一本插花冊過來。

「寶貝，你最喜歡哪個？」莫妮卡問。

肯德拉瞄了一眼，迅速指出「這個」，說完便又埋首於報紙中。

「不，那個不行，」莫妮卡說：「它的色調不搭。這個怎麼樣？」

肯德拉又瞄了一眼說：「可以呀，看起來很棒。」

「你根本就沒看。」

肯德拉放下報紙。「小莫，我在看報。待會兒再說好嗎？」

「你老是這樣。」莫妮卡不肯罷休。
「我這個禮拜忙壞了，」肯德拉說：「你就不能讓我享受一下週末嗎？」
「什麼都是我在弄，你連幫忙挑個花式都不行嗎？是我要求太多了嗎？」
肯德拉感覺到自己的火氣上來了，但她停頓了一下，心想：「我幹麼跟我愛的這個女子吵下去呢？」於是她深吸一口氣，說道：「你說得對，我對婚禮沒花太多心思。老實說，工作把我整慘了。我想盡力幫你，而且我也在乎我們的婚禮。我們能不能先擱置一、兩個鐘頭，讓我放鬆一下？這樣我才能專心討論婚禮的各項細節。」
肯德拉與莫妮卡對話的開始，正是批評出岔的典型。兩位女子都對對方的行為作出評論，卻都不曉得該怎麼有效表達或提問。還好肯德拉懸崖勒馬，估量即將升高的衝突，轉而安撫伴侶，提出彼此都能接受的方案。

無論是在職場或個人領域，分享批評對於健康的關係很重要。不過，那要看怎麼傳達，否則一不小心就會顯得論斷或指控，而非建設與體貼。結果是對方可能變得有攻擊性、逃避、好辯，尤其當他們把這些評語當作是對其人格的指涉。不難想見，這便創造了衝突的氛圍。

所以，「建設性的評語」是關鍵。它可以這麼定義：提出明確可行建議的有用回饋。但很遺憾的是，即便是這種建設性評語，也常被聽者以負面角度接收，使得回饋的給與受變得十分不易。

當你認爲某人應該聽到坦誠的意見，或是對其行爲造成的影響應更有自覺，那麼你要記住幾件事。我喜歡把批評稱爲「提供回饋」，因爲批評這個概念總帶著點負面意味。

提供回饋

給別人某種想法的回饋，往往發生在當下，而不在預期中。這部分可參考第八章中一些有用的策略。

而給別人關於其行爲的回饋則比較棘手，因爲人們常會把他人對自己行爲的看法，當作是在批評自己這個人。

因此，回饋最好要及時（看到某種行爲便立刻提出），不帶批判，並且要明確可行（不是抽象的讚美或攻擊）；要能促進討論，而非拋出命令。

提供回饋之前，先自問幾個問題：

1. 到底是哪種行為有問題？那行為怎樣負面地影響他們、我或其他人？
2. 我願意聽他們自己的說法嗎？
3. 我會建議什麼樣的行動方案來修正這種行為？
4. 可配合哪些評估辦法呢？

有了答案後，可嘗試下列步驟：

• 徵詢對方許可，邀約對談。

例如：「我能跟你談談昨晚的會議嗎？」

• 正面開場。尤其應強調你看到了對方的價值，來對應於你要討論之事。

例如：「吉姆，我知道你有多麼善體人意。你對我和其他同事總是那麼善於傾聽，而且溝通良好。」

- 對行爲的觀察。

例如：「在昨晚的會議中，我看到你有幾次打斷了凱蘿。」

- 描述該行爲造成的影響。

例如：「後來部門的幾位同事跟我說他們覺得這樣很不妥。」

- 請對方分享其體驗。

例如：「我想了解你覺得會議怎麼樣。」

- 傾聽並認可。

例如：「啊，所以你覺得凱蘿發言冗長，讓會議失焦，因而感到煩躁。」

• 建議行動方案，並提出促進改變的評估辦法與支援。

例如：「好，以後我會注意大家發言的時間，你也試著別打斷她，我們來看看這樣如何？經過幾次開會以後，我們可以來檢討一下。」（可參考第十六章關於擬定行動方案的幾點提示。）

接收回饋

要接收回饋並不容易，尤其當你覺得受到了攻擊或指控。不過你不妨視之爲一個學習契機，能自我成長，也可增進與提供回饋者的關係。以下是幾點提醒。

• **保持冷靜**。記得專注呼吸，也記住這是個寶貴契機。

- **傾聽並認可**。別急著捍衛或抗拒。留心自己的肢體語言以及站或坐的位置，試著傳達平靜、關切與好奇的心態（參見第二章）。
- **必要時，詢問細節**。若對方語焉不詳，可將談話導向細部。例如：「你能再說得更明確些，讓我能充分理解並知道如何改善嗎？」若你覺得人格受到侵犯，用「我」陳述句坦率面對。
- **負起責任**。儘量對自己的行爲負責。
- **保持開放**。願意一起展開行動。例如：「所以，如果我聽得沒錯，在昨晚的會議中，你觀察到我打斷凱蘿講話，而你跟其他人覺得不妥，對嗎？是的，我有打斷她。我對凱蘿開會時經常冗長發言感到不滿，但我絕對願意作出調整。你可以談談開會時，大家應遵守哪些標準與期待嗎？」

★作者建議★

提供回饋時最好當面進行，但如果你決定要透過電子郵件，那麼不要抄送副本給其他人。（若是在職場上，你可傳密件副本給人資部門。）抄送副本給別人會讓對方難堪，可能使他們感到憤恨。

大致來說，回饋應私下提供且應儘量保密。

重點整理

- 回饋有其必要，並應經常給予。對方做得對時，要肯定他們；做錯時，則要給予機會讓他們修正。
- 提供回饋時，務必維持冷靜與平衡。當你激動、疲倦或焦躁時，別找對方談。
- 將評語指向對方的觀念或行為，而非其人格。
- 保持團隊或家人心態。大家互相支援，進行調整。別把責任全放在對方肩上。務必讓他們知道你全力相挺，全心相信。

- 執行「二比一原則」：針對行為或表現的正向回饋，頻率應是建設性回饋的兩倍，因為人們在感到自己受肯定的情況下，會比較容易接受評語。這在個人或職場領域皆然。

18

處理被動攻擊

安德魯去年大學畢業，剛開始第一份全職工作。有了固定收入，他搬離郊區的原生家庭，跟幾位朋友住進市區公寓。母親愛倫一個人撫養他長大，她當然深以獨子為傲，但仍在設法適應空巢期。念大學時，安德魯暑假都會回來，學期中的週末也常回家洗衣、吃頓好料、休養生息。如今，一個月能見到他一面就很不錯了。

一個週日早上，安德魯搭火車回到郊區，希望吃頓免費午餐。就那麼巧，媽媽剛從熟食店買回剛出爐的貝果。

「怎樣，一切都好吧？」愛倫問：「工作如何？」

「很棒，」他說，邊給貝果抹上鮮奶油乳酪，「我學到好多。我想我在這間公司的發展潛力很大。」

「但願如此，」她說：「你現在都不回來看你老媽了，這間公司最好值得你這樣。」

她皮笑肉不笑地沉默了下來。安德魯太熟悉這套讓他內疚的招數，只是自顧自地微笑、點頭。

「我要去看球賽囉，」安德魯邊說邊收盤子，「可以的話。」

母親點點頭。兒子回家她很開心，卻也不禁有點怨懟。他們一起看球賽，愛倫不時給兒子遞上飲料點心，也不忘隨時酸他一句，像是：「別擔心親愛的老媽，沒有你她也很好。」

安德魯試著不予理會，但心裡仍被戳到。他愛媽媽，也感激她爲自己做的犧牲，儘管這些話他沒有太常說出口。躺在沙發上，他開始覺得愧疚，接著浮起厭恨。中場休息時，他不知道是要叫媽媽停止那樣，還是乾脆走人。

愛倫對關懷與認同的核心需求，化約成想更常見到兒子、知道自己值得探望的渴求。由於安德魯的新工作，她覺得自己沒受到重視。很遺憾地，她不知怎麼適當表達，但仍想讓他明白她的感受。

她那種帶刺的被動攻擊適得其反。如果繼續扮演「可憐的我」母親角色，衝突勢將爆發。

我們都碰過被動攻擊型的人或言詞，實際上，我們自己大概也都曾經如此。就愛倫的例子來說，被動攻擊是某人不願或不會表達感受或需求的徵候。兩者都源於恐懼，害怕正面衝突會把對方推遠或造成傷害。

被動攻擊的表現形式包括引起內疚、八卦、反諷的恭維、刻意反問、漠視對方、怪罪他人，甚至不做自己該做的事。那麼，目睹這種情形，我們該如何因應？這裡有幾點可供參考。

正視苦痛

體會到某人被動攻擊並不是爲了傷害你，而是他們陷於痛苦當中。他們的主要目的是解除這種痛苦。要達到這個目的，就必須滿足自己的核心需求，但多數人都不知該如何有效做到，於是只能以各種非建設性手法滿足需求，紓解難過。意識到對方的苦痛，有助於減低你的怒氣，增進同情心。

直接點出

發現被動攻擊時，坦率的指出來，不要逃避或消極因應。指出這股情緒或語氣，但不責怪對方不好或不對。

舉個例子，安德魯可以問：「媽，你在生我的氣嗎？」

製造空間

以被動攻擊的方式來表達的人，大都不敢坦率面對，他們擔心要正面交鋒或讓自己屈居下風。而你能爲他們創造一個能率直表達的安全空間，讓他們知道在你面前表現出脆弱是沒問題的。

舉個例子，安德魯可以說：「你儘管告訴我你的感受。說眞的，我想要知道。」

尋找辦法

當你爲他們打造出能說出感受和需求的安全空間，你就很有機會了解他們的困擾，也能共同想出辦法，或是根據兩人對關係的期望來滿足他們的需求，抑或是爲他們釐清對你的合理期望（說到這裡，不妨參考第五章）。

如果愛倫說出：「你幾乎不再來看我了。我很想你。你那麼投入工作，好像不太在乎我過得怎樣。」安德魯就可以回答：「我懂，謝謝你說出來。你說的沒錯，我最近比較少回來，那純粹是因爲工作太忙，週末時我只想在公寓休息。但我眞的在乎你，很抱歉我近來忙成這樣。如果我們每週講一次電話，然後我每兩週回來一趟，這樣會不會好一點？」

守住界線

無論對話如何發展，也不管你能否滿足對方的需求或直陳對你應有的合理期望，你都要跟他們設定明確的期待或界線。讓他們知道，你會繼續為他們打造安全的表達空間，不帶批判，但你不會回應被動攻擊式的行為。

舉個例子，安德魯可以說：「那麼從今以後，你可不可以直接說出你的需求，不要藏在心裡或一直碎碎念？」

★作者建議★

簡訊與電子郵件都充斥著被動攻擊。從書面文字來推測語氣恐怕會令人迷惘，這意味著我們可能會誤把某些訊息當作被動攻擊，事實上卻不然（或者相反）。

被動攻擊是不直接站出來而表達不滿的方式（例如把攻擊藏在諷刺

底下），那麼透過電郵或簡訊來做就更加容易了。當你收到這種郵件或訊息，請幫自己一個忙：不要忽視，但也別參與進去。你要盡快聯繫對方，釐清他們是否有什麼沒說出口的需求。

重點整理

- 坦率面對被動攻擊的言行並不必然會導致衝突。恰好相反，那可能是加強彼此關係的催化劑。

- 要如何面對被動攻擊者，你是有所選擇的。你也要以牙還牙嗎？你會逃避或忽視嗎？你會武裝自己或過於咄咄逼人嗎？想想你崇拜的朋友、同事或任何人，他們會如何回應？
- 當某個被動攻擊者永不滿意，怎樣也不尊重你設定的界線，那麼你可能要重新審視這段關係，思考如何改變整個互動情形。無論你決定如何，別讓對方不斷上演的被動攻擊造成你的壓力、厭恨及負面回應。守住界線是自我捍衛之舉。

19

對付情感操縱狂

羅尼與雪莉離婚多年，仍共同撫育十二歲的女兒安琪拉。這很不容易，離婚前如此，離婚後更是。但他們都想盡力當好女兒的父母親。

只是對雪莉來說，應付羅尼實在令人筋疲力盡，挫折不已。例如上個月，兩人講好新的監護安排，讓安琪拉在兩邊各住滿一週，別再像去年那樣跑來跑去。

而當雪莉去接安琪拉時，應門的羅尼卻滿臉不解。

「怎麼回事？」他問：「你不是應該明天再來接她嗎？」

「我以為我跟她的一週是從今天開始。」雪莉說。

「你們的一週？」羅尼問：「你在講什麼東西？你帶她過去住兩天，然後我週三去帶她回來。」

雪莉嘆了口氣，心想：「當然啦。又來了！」

「羅尼，」她說：「我們上個禮拜講好改掉舊制，換成一邊一個禮拜。」

「我從沒答應過。」他堅持。

「有，我們同意的。記不記得你說——」

「慢著，」他打斷雪莉：「我可從沒答應。是你自己在講，然後八成就以爲我也同意了。我可從沒說過喔。你看你老是這樣，自己胡扯些東西，然後就說是我說的。」

雪莉知道這時說什麼都沒用，甚至還開始懷疑自己。「我到底有沒有聽到他答應？我真的總是聽我想聽的，然後產生自己的錯誤記憶嗎？」她不甚確定，但也沒時間吵下去。

「好吧，羅尼，你打算怎樣？要我明天再來接她嗎？」

羅尼的行徑，正是心理學家稱之爲「煤氣燈效應」（gaslighting）的情感操縱或混淆心智範例。他操弄他人，有時不惜扯謊以得到他想要的，並證明他永遠沒錯。因爲這樣，他迫使他人質疑自己，懷疑自己的記憶與心智。儘管交手十多年，雪莉仍爲此所困，不時聽憑羅尼的跋扈言詞而讓自己墮入迷惘困惑當中。

想解決跟情感操縱狂之間的衝突幾乎是不可能，除非你直接繳械，或是（非常罕見地）他們忽然有所自覺，願意尋求專業協助來改變行爲。

無論如何，以下是幾個與這種人打交道的技巧。

判斷那是否爲一種模式

當某人堅持他們的記憶與你的不同，不見得就是在混淆你的心智。彼此不同調是很常見的。記憶並不可靠，事件在彼此的回憶中也會產生差異。

然而，情感操縱卻是一種操弄。這可見於某個從不出錯的人，總是用某種伎倆來證明自己沒錯，像是質疑你的記憶、神智、機敏、腦袋，以及（或是）理解現實的一般能力。他們意在讓你迷惑，進而質疑自己。

如果你發現這種模式，很可能你正面對著一名情感操縱狂。話說回來，若你每次與人產生不同見解或記憶，就稱對方是故意在混淆你的心智或操縱你的情感，那麼你自己也可能犯上了這種毛病。

別期待對方改變

除非他們真心尋求專業的協助，否則別指望情感操縱狂會有所改變，而且想與之講理是很難的。當他們認定事情是如此，就絕對不會再聽進任何牴觸的資訊。期待他們改變只會換來失望而已。認清他們就是這樣，才能妥善應對，不再盲目期望。

設定明確界線

當你明白自己面對著情感操縱狂，就必須跟他們畫下明確界線。必須聲明的是，他們不太可能會尊重這些界線，他們從來都是隨心所欲、不遵從任何規定的。他們會說從來不知道或是不明白這些規矩，並大剌剌地因「不懂你到底在說什麼」而破壞協定。

但是，你必須爲自己設定這些界線，這樣當你跟他們交手時就可以緊緊守住。當你發現他們訕笑你、對你翻白眼、說你瘋了、用各種方式批判你，要讓他們曉得你不會坐以待斃。

你可以這樣說：「如果你再說我瘋了，我就掛斷電話」，或是：「如果你要質疑我的記憶，就不用再講了。」如果他們還是不肯罷休，你必須趕快脫身。

記錄一切

與情感操縱狂（無論是前配偶、老闆、同事或朋友）達成任何計畫或協議，不管再怎麼微小或看似無害，都必須全部記錄下來。儘管難以據此要他們負責，畢竟他們從不承認自己會錯，但這些具體證據能讓你知道自己神智清明。

情感操縱狂之所以能操弄他人，關鍵在於他們會堅持他人眼中的事實有誤，而當你能確認自己的認知，便能脫離他們的魔掌。

減少往來

可能的話，儘量別跟他們打交道。如果是同事，換個部門可能比較好。如果是老闆，另找工作可能比較妥當。如果是伴侶，那麼你最好求教於伴侶諮商或者乾脆抽離。如果因公因私而不得不有起碼的接觸，像是要共同撫育孩子，就只限定在達成目標的必要範圍。

別以爲維持和睦的往來就能彼此認同。事實恰好相反。情感操縱狂之所以能那樣成功，就在於他們善於利用同聲一氣的時機。當你覺得與他們同一陣線，那就是他們操弄你的最好時機。

重點整理

- 情感操縱狂不盡然是壞人。大致說來，他們很沒有安全感，需要掌控全局以維持脆弱的自我認同。只要你記得別相信他們所言，那麼對他們懷抱同情，要比憤怒或失望好過得多。
- 長期與情感操縱狂往來會嚴重傷害你的自尊，因為與他們交手很難不產生自我懷疑。
- 當你必須與情感操縱狂往來，務必為自己打造一個支持網絡，包括親友及同事，好讓你能確認事實，常保心安。

- 主流的文化態度與價值觀，影響大眾對於「對錯」與「是非」的判斷至鉅。那些被邊緣化或挑戰主流觀念的人，特別容易成為情感操縱狂的下手對象。

20

處理下屬的違抗

特倫正在主持部門的每週會議，追蹤每個人是否達成本週目標，再爲下週設定新的里程碑。輪到卡特時，特倫已經心生不妙。

「對，我還在處理那個暫時重組，」卡特這樣開場：「本來以爲這週可以完成，但進度比預期費時。至於流程更新表，對，我還沒做到那裡。」

沒達到目標，卡特本人似乎毫不在意。很不幸的，這是他連續第三週進度落後，這也反映出他的工作態度。

「好，卡特，那你是不是要訂個完成日期，好讓整個組能更新進度？」特倫問。

「我不確定要花多久，」他說：「我想我可以設定下週吧。」

這種不在乎期限的態度對團隊不是好事，對於需等卡特完成工作才能開始的人更是難以忍受。

「我們可能需要你說個確定的時間，卡特，」特倫追問下去：「否則尼爾和普里婭的專案很難抓進度。」

「喔，如果能給我比較合理的時程及一些協助，我會比較確定。」

會議室的緊張一觸即發。特倫試著維持會議目標。「卡特，你覺得合理的時間會是？」

「我不知道，」卡特的聲音略爲拉高：「但這些冗長的每週會議實在是於事無補。」

特倫決定不在此時此地處理卡特的態度或任務問題。他維持冷靜，要下一個成員回報進度。

無論是對老闆或同事，卡特在職責與溝通風格上顯然都不配合。他沒能準時完成任務，還在全體組員面前對特倫展現被動攻擊（有時是純粹攻擊）的言論。不用說，這對特倫的領導力是扣分的。若任由這樣的狀況持續下去，不僅會降低產能，還將破壞團隊士氣，使大家難以安心開會。

當你面對不順從的下屬或組織成員時，可參考以下的當行與不當行。

當行

私下會面

如果你要跟組員談其違抗行爲，應私下安排並且保密。特倫要是當眾指責讓卡特難堪，恐怕只會讓情況更糟，因爲不順從的人通常已一身帶刺。此外，這也會讓其他人心生戒懼，怕哪天自己犯了錯也會如此不堪。

若已指出不該再有這般行徑，但該成員在公開場合卻依然故我，你就要馬上請他進你的辦公室或會議室，好立刻處理，但務必要顧及隱私。

針對行為處理

處理不順從的行爲，不管是工作或溝通層面，都可遵循第十七章的提供回饋步驟（參見第234頁）。

例如特倫可以說：「卡特，你沒在期限內達到目標，尼爾和普里婭的進度就得延後，整個團隊就無法如期完成專案。此外，你在會議中大聲講話，特別是對著我時，那是個不良示範，爲我和大家製造緊張。你能說說你是怎麼回事嗎？」

詢問下屬的需求

下屬需要什麼來幫助他們改變行爲？比方說，卡特是需要更多時間、更多管理進度的協助，或是管理工作量上面的幫忙嗎？什麼能幫助對方聚焦於任務，並且遵循適當的職場守則？

詢問你能做什麼

所有的經理人都想相信，問題都是出在不順從的下屬，但情況往往是領導人也得負點責任。也許你只是放任這類行爲太久，也許你一直沒給對方要求的支援與資源。不管怎樣，問他們，身爲領導者的你能如何改進：他們希望你有何不同？希望公司如何？怎樣做才能共同促成他們希望的改變發生？

對違抗情事做紀錄

即使還沒牽扯到人資部，但如果你能記下對方每次的違抗情事、你們每次的會談內容，對你將大有幫助。

你可以先善意地告知對方，依公司規定你得記錄談話內容，但只要他們做出改變，這將不會有負面影響。提醒對方，你全力支持這項改變，無意陷他們於麻煩之中。

不當行

施以威脅

我們希望員工承擔自己的行爲，但威脅只會激起他們的防衛，對化解衝突毫無幫助。就像賽門．西奈克（Simon Sinek）在其著作《最後吃，才是眞領導》（*Leaders Eat Last*）所言，讓團隊成員感到安全並受到保護，而非處於威脅中，是身爲領導人的職責。

訂出評量標準很重要，但讓他們知道你和他們在一起，他們不會面臨懲處，也同樣重要。要在合理的後果與可怕的威脅之間找出適當的平衡。

任憑此行為繼續下去

當你發現不服從的行徑時需馬上採取行動。別任其持續下去，並以爲一切會好轉。第一次就出手，協助對方回到正軌。若放任這種不順從的行爲持續，等於是在告訴其他成員這樣做能被接受。包括你自己在內，要求每個人都要承擔自己的行爲。

立下壞榜樣

如果你想訂出眾人遵行的行爲準則，那麼你自己最好也要遵守。不要大吼、惡劣待人、達不到期限，除非你想刻意凸顯這些行爲是可以接受的。領導人必須以身作則，否則沒人會加以遵守。

重點整理

- 身為領導人，你的職責是為眾人打造能安心合作的創意空間。如果你無法有效達成，任憑不順從或不適當的行為屢屢發生，那麼這個環境對其他成員將顯得混亂且不安全。
- 要確保下屬擁有成就目標的適當工具與支援，可進行全方位的年度或半年回饋，亦即上級與員工互相評估。當員工給予回饋時，必須能感到安全，通常要保持匿名。如果你準備做任何形式的員工調查，一定要根據結果展開行動。如果員工給了意見卻再也沒聽到任何聲音，你將白費力氣，並且看到員工更多的不滿及怨恨，引發更多的不順從、低落的士氣和增高的離職率。

- 想成為人們希望追隨的領導人，而非要求下屬跟隨的經理人，是一場終身學習。關於有效的領導力，請參見書末的資源分享。

21

化解與上司的衝突

星期二，傑瑞德坐在老闆雷與客戶之間。會議中，雷問傑瑞德對某個交貨項目的看法。傑瑞德提出意見，卻意外地看見老闆不當一回事，逕自把談話導向下個議題。

當天稍晚，雷叫傑瑞德進他的辦公室匯報。

「你覺得會議怎樣？」雷問。

「老實說，」傑瑞德有點遲疑：「我想大家對交貨速度都有點不滿。李娜跟我說那簡直不見天日，我不確定大夥兒認可這項新的設計。」

「你聽著，」雷開口說：「李娜跟我昨天才碰過面，她完全沒提起什麼『不滿』之類的話。扎克也還沒完成設計，成品根本還沒出來。」

「是，但他無法完成設計，如果沒有——」

「傑瑞德，你怎麼老是提問題？」雷問，提高了聲量，滿臉通紅：「每次跟你說話，總是一個接一個的問題。你以爲你會是更稱職的老闆嗎？」

傑瑞德不發一語。他覺得深陷泥淖。

「怎樣？」雷說：「你是怎麼回事？幹麼總是這麼負面？」

「坦白說，雷，我現在不知道該說什麼。你似乎很生氣，我不想講錯話。」

「我沒生氣！」雷吼道：「我只是搞不懂，傑瑞德，這公司是怎樣，讓你總有一肚子負評？」

傑瑞德再次跌入迷霧中。「也許我該先回我的座位，我們稍後再談。」

「你做你該做的，傑瑞德。」雷說，回頭忙他桌上的文件。

當老闆問你意見卻根本無意採納，對傑瑞德這種員工來說非常挫折，尤其當他們的好意被整個扭曲時。長期處在邊緣的員工，難以全心投入，害怕挫敗而不再冒險或提出創意。組織若想維持創新、有效率、高產出的環境，領導人就得打造有心理安全與獨立的空間。

如果你跟老闆關係良好、溝通無礙，那麼此書中任何一種方法應該都有助於你帶去化解彼此的衝突。

而如果你像傑瑞德（或我共事過的許多客戶）一樣，你或許會覺得以下這些策略能幫你直面上司。

首先：

尋求建議與支援

如果你的上司很難搞，第一步可請教懂得應付這位上司的同事，或者詢問公司外跟過難搞老闆的朋友，從中學到別人覺得有用的技巧。最起碼，跟置身類似處境的人談，能讓你覺得不那麼孤單。當一個人孤單無援時，應對社交困境並保持心智健全的能力將大幅減低，若有社交支援則會使其明顯提升。

坦誠說出感受

當你鼓足勇氣去找上司，先正面開場，繼而強調這番談話讓你多不自在。例如傑瑞德可以說：「雷，我知道你身經百戰，我也明白自己可以從你身上學到很多，所以此刻跟你講這些感覺很怪……」

雙方處於對峙狀態時，坦承你的感受能有效降低主管的敵意。例如說你不覺得應該指出他們的行爲不妥（儘管那正是你正在做的事）。

詢問與對方坦率對談之道

如果你的老闆很容易被激，似乎聽不進任何人的意見，不妨先討論一下該如何與他們對談。

例如傑瑞德可以說：「我無意顯得負面，也無意對你不敬。我非常尊敬你的經驗和知識，但我不知道怎樣接近你，或是妥善提出不那麼負面的意見。我該怎麼說才不會顯得負面或不夠尊重？」

但願你的老闆能指出他們能夠接受的語言。如果他們眞能認同，那麼下次你提供回饋時，就比較能讓老闆聽進去了。

另外，也很關鍵的是：

澄清你的本意

當你發現老闆在生氣或抗拒，此時需盡力去了解他們是怎樣詮釋你的語言。就傑瑞德的例子來說，雷顯然感到他身爲上司的地位不保，好像傑瑞德「會是更稱職的老闆」。

當你能明白老闆爲何不安，就能直接加以安撫。就先假設你的老闆感到不被尊重，並全力設法保證那絕非你的本意。

知道何時該脫身

這章中的各項策略是爲了降低老闆的戒心，使其願意敞開胸懷，聆聽你的回饋或要求。如果怎樣做都沒用，老闆就是充滿敵意，那麼你就必須撤退。別忘了權力不對等，除非你準備陷入更劇烈的衝突當中，否則沒必要跟上司作對。

知道何時該找人資部門

如果你試著直接對談，結果卻無效，老闆仍敵意滿滿、充滿防衛，那麼或許該找人資代表進來。如果有人資部門，也不妨請另一位主管入列。請第三方見證，有助於會議中每個人對自己的言行負起責任。

重點整理

- 當你決定繼續在一個難搞的老闆手下做事，就要承擔每個早上起床工作的責任，因為你決定留下勝過辭職。而這番認命，並不代表老闆糟蹋你或他人時，你就得接受。你仍能盡力改善工作狀況。只要記得，是你選擇待在這份努力中。
- 如果老闆實在令你抓狂，為了你自己，好好想想這份工作是否值得。試著想像或寫下辭職後的人生。先別想最壞的狀況，例如我將無業、身無分文、迷失、恐懼。想想最好的光景，例如我將找到喜愛的工作、跟很棒的團隊與了不起的老闆共事、賺得更多、生活更加穩定。

- 你能從這番處境中學到什麼？你看到自己想成為怎麼樣的領袖？寫下你希望成為的領袖特質，不管是職場上或個人領域都好。

22

挺身面對霸凌者

佩姬和珍妮去年因工作相識。兩人都來自外地，同樣是公司新人，很容易就成爲朋友。佩姬年長幾歲，在公司擔任管理職，珍妮則被聘爲高階主管助理。兩人從未直接共事，友誼不曾受到影響。社交方面，彼此的性格呈現互補：珍妮溫和的個性緩和了佩姬過於自我的性格。珍妮知道佩姬對公司不少人頗有微詞，但她不覺得自己有什麼立場表示意見。

一晚兩人難得相聚，聊起珍妮的新男友。

「坦白說，」幾杯酒下肚後，佩姬說：「我還眞意外你們持續這麼久呢。」

「什麼意思？」珍妮問。

「我是說，幫幫忙，你不是那麼……」佩姬將聲音減弱，小心用字遣詞。

「你不在那麼好的位置。我的意思是，人生裡。」

「什麼意思?」珍妮困惑地問。

「我是說啊，你得成熟一點，」佩姬接著說下去：「你的職涯才剛開始，又沒錢。那樣的男人看上你哪一點?我是說，除非他實際上沒那麼棒。」

珍妮聽到這些話簡直難以置信。佩姬從沒這樣對她，現在卻宛如在對待她的下屬，好像她很差勁、愚蠢又微不足道。

「佩姬，」她終於開口，試圖冷靜：「請別這樣跟我說話。」

「你說眞的嗎?」佩姬拉高聲量：「你什麼時候變得這麼敏感了?」

「那你什麼時候變得這麼無禮?」珍妮回她。

「我只是講眞話而已，珍妮，」佩姬自鳴得意地笑著：「有時你該照照鏡子，反思一下!」

聽到這裡，珍妮開始收東西。「我要走了。公司見，佩姬。」

佩姬喜歡霸凌旁人。儘管那種霸道跋扈在公司似乎增添了她的風采，她卻也以此恐嚇、侮辱、脅迫她想控制的人。還好，珍妮捍衛自己，見情勢不對立刻起身走人，讓佩姬知道哪種語言無可接受，也守住了自己的界線。

當權勢不平等，即便只是感覺上的，這類互動仍隨時可能發生在任何人之間。較有權勢的一方不斷利用肢體、情緒、心理上的威嚇，取得自己所要並掌控局面。

爲了自己的平靜、獨立與安全，在適當的時機，你必須勇敢適當地挺身面對霸凌者。

面對霸凌者，可採用以下這些重要工具。

識別和指認

有時，被霸凌的人會因專業上或情感上的顧忌，乾脆選擇逃避或漠視。也許是加以否認，將霸凌歸諸於小事一樁，像是：「喔，他只是目前壓力太大了。」

假如你受到霸凌（不斷被較有權勢的某人脅迫或威嚇）卻始終不予承認，現在是不是該正面直視了？檢視自己，審視你對自己有什麼感覺。如果你感覺到你已不再像自己，或是在此人周遭總覺得低人一等，就該明白這種互動並不健康。

選擇戰場

當你認出霸凌者，該挺身對抗嗎？直面霸凌者或企圖改變彼此的互動，需要一番省思。自問以下幾個問題：

這有多常發生？

若對方一年怒吼個一、兩次，你們可能就是正常關係。假如他們經常盛氣凌人或脅迫威嚇（每個月一、兩次），就可能是霸凌了。

這段關係有多重要？

至少就目前的情況來說，值得繼續待在這種相處模式裡嗎？

如果這是重要關係，那麼該處理霸凌問題嗎？

關鍵問題在於：你眞的能忽視他們的言詞，或是被他們貶抑了的自尊嗎？誠實面對自己。霸凌幾乎都會損及自信，而這是不可接受的。

加以處理可能有何後果？

如果你離開這段關係、部門或公司，可能會怎樣？反之，如果你要求霸凌者改變行爲，可能會怎樣？寫下各種選項的可能結果，一旦發生，你將如何因應。這樣一來，無論你的決定爲何，你都知道你願意也能夠加以承擔。

別當軟柿子

當你決定挺身面對，捍衛自己，也該對自己做出承諾：別再當個軟柿子。那意味著你要這麼做：

設定界線

平靜並尊重地告知對方，你不能接受怎樣的言行舉止。提出具體實例，例如時間、地點、確切說詞，而非模稜兩可的「你老是」，讓對方可做出反駁或是在情感上操縱你。要讓對方明白，此後只要看見這類行徑，你會立刻指出來；若他們不做修正，你也將不再回應。

守住界線

記住，你要指點對方如何對待你。修正行爲需要時間，所以你不能鬆懈。只要對方越線，就馬上指出來，等他們做出修正後才予以回應。同時也要小心對方操縱你的情感（參見第十九章）。當你指出他們故態復萌，而對方回說「根本是你太敏感了」，別相信他們。實際上應該是他們覺得你變得敏感，因爲你已決定隨時指出以往被你包容的行徑。

必要時就離開

到某個程度，若對方依然霸凌你，你就必須離開，不管對方是家人、朋友或同事、老闆。他們得明白，既然他們要這樣對待你，那麼他們就會失去你。你也必須認清，此生再也不能忍受這種對待。這對你的自尊至關重要。

尋求支援

面對霸凌者、斷捨一段關係或辭職，都是很不容易的決定。你要在這些地方取得後援：

私人領域

你可以向你信任的親友吐露，你知道他們會幫你保密，並且會無條件地給你支持與關懷。如果你覺得太過難堪或不想讓親友淌這渾水，就向諮商師、治療師、專業教練求助。

專業領域

求助於你信賴的同事、上司或人資部門，必要時請他們提供協助，爲你指點迷津。

★作者建議★

有的人會躲在螢幕後面，彷彿這樣就有某種程度的隱祕性，即使現實中大家彼此相識。

如果你從電子郵件或簡訊裡發現霸凌的蹤跡，我建議你當面或打電話給對方，告之什麼可以接受、什麼不能，不管透過什麼平台都一樣。此舉也讓他們知道，你不會容許他們藏身螢幕後。

網路霸凌本身已成一大議題。想知道更多，可參考書末的資源分享。

重點整理

- 你若目睹他人遭到霸凌，想提供支援可能不容易，卻非常重要。在私人領域，你可直接與遭霸凌的親友談，讓他們知道你很擔心霸凌者的行徑，若他們想找人傾訴或需要任何幫助，你隨時都在。當他們堅強的靠山，以行動暗示你不怕那個惡霸，即便你沒有明說。
- 你若在職場上發現同事間或某個上級有霸凌情事，不妨通知人資部或你的直屬上司，陳述事實以及你的感受，那將有助於公司高層展開調查。

- 某些例子中，根深柢固的權力關係令人很難確認霸凌行徑。尤其是女性，可能自幼被教導當長者或配偶以某種方式對待她們，皆純屬正常。如果你不確定自己是否遭到霸凌，不妨求教於信賴的朋友或諮商師，取得客觀意見。
- 來自父母或配偶的家暴和虐待，無異是普遍而極端的霸凌形式，但那不屬於此書範疇。這方面的一些重要資訊，請見書末的資源分享。

資源分享

衝突化解的溝通

《哈佛這樣教談判力：增強優勢，談出利多人和的好結果》（*Getting to Yes: Negotiating Agreement Without Giving In*），羅傑・費雪（Roger Fisher）、威廉・尤瑞（William Ury）、布魯斯・派頓（Bruce Patton）。

《傾聽的力量：練習一個神奇的傾聽法則，創造圓滿關係，讓人信任讚嘆「你都懂！」》（*I Hear You: The Surprisingly Simple Skill Behind Extraordinary Relationships*），麥可・索倫森（Michael S. Sorensen）。

《人際技巧：學會高效傾聽與自我維護，化解衝突、優化人際關係》（*People Skills: How to Assert Yourself, Listen to Others, and Resolve Conflicts*），羅伯・波

頓（Robert Bolton）。

網路霸凌

《什麼時候可以給孩子買手機：第一本給E世代父母的青少年網路社交教戰手冊》（*Screenwise: Helping Kids Thrive (and Survive) in Their Digital World*），黛沃拉・海特納（Devorah Heitner）。

阻止霸凌：StopBullying.gov 網站

多元與包容

《更好的盟友：打造包容而迷人的工作場域的日常行動》（*Better Allies: Everyday Actions to Create Inclusive, Engaging Workplaces*），凱倫・凱特琳（Karen Catlin）。

《偏見的力量：破解內隱偏見，消弭歧視心態》（*Biased: Uncovering the Hidden Prejudice That Shapes What We See, Think, and Do*），珍妮佛・艾柏哈特（Jennifer L. Eberhardt）。

《好人怎麼會幹壞事？：我們不願面對的隱性偏見》（*Blindspot: Hidden Biases of Good People*），瑪札琳・貝納基（Mahzarin R. Banaji）、安東尼・格林華德（Anthony G. Greenwald）。

家庭暴力

《言語暴力：如何辨識生活中的言語攻擊行為，適當應對，有效捍衛自己》（*The Verbally Abusive Relationship: How to Recognize It and How to Respond*），派翠

西亞・伊凡斯（Patricia Evans）。

《他爲何這麼做？：爲什麼他上一秒說愛，下一秒揮拳？親密關係暴力的心理動機、徵兆和自救》（*Why Does He Do That? Inside the Minds of Angry and Controlling Men*），朗迪・班克羅夫特（Lundy Bancroft）。

全美家庭暴力熱線：TheHotline.org*

領導力

《人性的弱點：暢銷不墜的成功學經典，向卡內基學習交心溝通術與好感度人際

---

*編註：在台灣，在發生家暴的狀況下，若有立即危險，應儘快撥打１１０報警。若無立即的危險或是不太確定如何處理，可以透過「電話通報」，撥打１１３保護專線；或是「線上通報」，透過「關懷e起來」平台，尋求專業的協助及保護。

學》（*How to Win Friends and Influence People*），戴爾·卡內基（Dale Carnegie）。

《先問，為什麼？：顛覆慣性思考的黃金圈理論，啟動你的感召領導力》（*Start with Why: How Great Leaders Inspire Everyone to Take Action*），賽門·西奈克（Simon Sinek）（見 TED Talk, Youtu.be/qpOHIF3SfI4）。

《領導力21法則：領導贏家》（*The 21 Irrefutable Laws of Leadership: Follow Them and People Will Follow You*），約翰·麥斯威爾（John C. Maxwell）。

正念、冥想與自律

《實用的DBT技巧訓練，學習正念、人際效能、情緒調節，以及壓力包容》（*The Dialectical Behavior Therapy Skills Workbook: Practical DBT Exercises for Learning Mindfulness, Interpersonal Effectiveness, Emotion Regulation, and Distress Tolerance*），馬修・麥凱（Matthew McKay），傑弗瑞・伍德（Jeffrey C. Wood），傑弗瑞・布蘭特力（Jeffrey Brantley）。

《正念減壓初學者手冊》（*Mindfulness for Beginners: Reclaiming the Present Moment — and Your Life*），喬・卡巴金（Jon Kabat-Zinn）。

《正念：八週靜心計畫，找回心的喜悅》（*Mindfulness: An Eight-Week Plan for Finding Peace in a Frantic World*），馬克・威廉斯（Mark Williams），丹尼・潘曼（Danny Penman）。

《正念的奇蹟：每日禪修手冊》（*The Miracle of Mindfulness: An Introduction to the Practice of Meditation*），一行禪師（Thich Nhat Hanh）。

冥想正念：Headspace.com

致謝

對那許多影響我的人生與工作的人，有了他們，此書才能夠誕生，對此，我的感謝無以復加。

我的父母，史蒂夫與辛蒂．帕洛克（Steve and Cindy Pollack），一直是我人生中實踐誠實、支持、鼓勵、忠誠、心胸開放等價值觀的卓越典範。

我的妻子珍妮（Jenny），以其幽默、相伴、支持、坦然的溝通，每天帶來驚喜，激勵我成為我能達到的最好男人。

我的手足布雷克（Blake）、麥迪遜（Madison）、奧布里（Aubrey）和弟妹賈姬（Jackie），他們教會我，愛與家庭，永遠在生活暫時的爭辯之上。

我在心理學、和平與衝突領域的許多師長及導師，包括約翰・派頓（John Patton）、丹・費塞勒（Dan Fessler）、科林・賀布魯克（Colin Holbrook）、艾倫・萬諾（Allen Weiner）、史蒂夫・羅伯特（Steven Roberts）、伊莉莎白・帕克—斯丹姆（Elizabeth Parks-Stamm）、保羅・韋里克（Paul Velick）、裘塞裴・梅德琳（Giuseppe Medlin）、麥可・雷諾迪尼（Michael Rinaldini），以及彼得・沙因（Peter Schein）。

我在帕洛克打造和平體系的團隊，從不間斷地指導我、質疑我、鼓舞我成爲更好的領導人與和平打造者。

我的圖書編輯山姆・艾希納（Sam Eichner），對你正在讀的此書出版貢獻卓越；以及信任我以指導教練角色指導的所有人，能爲你們服務，我深感謙卑與榮耀，是你們的致力追求和平，激發出我的使命。

化解衝突溝通法：談判專家教你，掌握六個心理需求，轉化對立，使關係更良好 / 傑若米．帕洛克（Jeremy Pollack）著；劉凡恩譯 . -- 初版 . -- 新北市：橡實文化出版：大雁出版基地發行，2024.09
面；　公分
譯自：Conflict resolution playbook : practical communication skills for preventing, managing, and resolving conflict
ISBN 978-626-7441-74-9（平裝）

1.CST: 人際關係　2.CST: 人際衝突　3.CST: 衝突管理　4.CST: 溝通技巧

177.3　　113010578

BM0049

化解衝突溝通法：
談判專家教你，掌握六個心理需求，轉化對立，使關係更良好

Conflict Resolution Playbook: Practical Communication Skills for Preventing, Managing, and Resolving Conflict

---

作　　者　傑若米．帕洛克（Jeremy Pollack）
譯　　者　劉凡恩
責任編輯　田哲榮
協力編輯　劉芸蓁
封面設計　斐類設計
內頁構成　歐陽碧智
校　　對　蔡昊恩

發 行 人　蘇拾平
總 編 輯　于芝峰
副總編輯　田哲榮
業務發行　王綬晨、邱紹溢、劉文雅
行銷企劃　陳詩婷
出　　版　橡實文化 ACORN Publishing
地址：231030 新北市新店區北新路三段 207-3 號 5 樓
電話：02-8913-1005　傳真：02-8913-1056
網址：www.acornbooks.com.tw
E-mail 信箱：acorn@andbooks.com.tw
發　　行　大雁出版基地
地址：231030 新北市新店區北新路三段 207-3 號 5 樓
電話：02-8913-1005　傳真：02-8913-1056
讀者服務信箱：andbooks@andbooks.com.tw
劃撥帳號：19983379　戶名：大雁文化事業股份有限公司

印　　刷　中原造像股份有限公司
初版一刷　2024 年 9 月
定　　價　380 元
I S B N　978-626-7441-74-9